Upgrade

CCM English

아름다운 찬양으로 영어

사랑과 기쁨이 가득한 찬양과 함께
저절로 자라나는 **영어실력!**

나는, 노래로 공부한다?

Learning English in Beautiful CCM~

기초가 담긴 주옥같은 노랫말로 영어의 초석을!

Beautiful Song, easy English

아.찬.영.은 아름다운 노랫말의 CCM을 반복해 들으며 자연스럽게 영어를 익히고 암기하게 돕습니다~

What is the CCM ? Contemporary Christian Music

Give thanks

You raise me up

You will never walk alone

Amazing grace

Standing on the Promise

There is none like you

He never sleep

이 철 주 지음

Prologue

이 책 초판은 초등학생 이었던 딸과 아들이 기쁘게 영어 공부를 할 수 있으면 해서 쓰기 시작하였습니다. 집필 과정에서 딸과 아들이 많은 내용을 아이들의 눈높이에서 지적해주어 이를 반영하여 이 책을 만들었고, 이 책의 초판은 감리교신학대학교 영어과 박은영 교수님이 많은 부분을 수정해주시고 지도해 주셨으며 끊임없이 격려해주셔서 완성하게 되었습니다.

초 판의 출판 이후 책의 부족한 면을 보완하여 다시 출판해야겠다는 부담이 있어, 금번에 기존 12개 곡에 5개 곡을 더하고 모든 곡에 악보를 추가하였으며, 혼자 공부하기 쉽도록 전반적으로 내용을 수정 보완하여 2nd edition을 세상에 내놓습니다.

이 책의 CCM은 아이들의 눈높이로 선곡하여 너무 슬프거나 영어 가사가 어려운 노래는 가능한 제외 하였고 밝고 아름다운 노래 위주로 그리고 초등학교 고학년에서 고등학교 학생 수준에 맞추어 영어 찬양을 선곡하였습니다. 그리고 가능하면 난이도가 쉬운 노래부터 어려운 노래 순으로 배울 수 있도록 하였습니다.

무 엇보다도 기존의 영어 교육 교재들이 많은 내용과 연습문제 등으로 공부하는 학생들을 힘들게 만드는 면이 있으나 이 책에서는 가능한 편안하고 기쁘게 영어를 배울 수 있도록 하였습니다.

우 리나라 사람들이 영어에 투입하는 시간이 많으나 효과가 높지 않은 이유 중 하나가 계속해서 다른 것을 공부한다는 데 있습니다. 영어는 지속적인 반복을 통하여 기본적인 틀을 암기하고 그 암기했던 것을 바탕으로 점점 영역을 넓혀 가는 것이 중요합니다. 그래서 많은 전문가가 권하는 것은 영어의 기본이 되는 영어 속담, 또는 잘 알려진 영어 노래를 외우는 것입니다. 이를 통하여 기본적인 단어와 문장을 모두 알 수 있고 영미권 사람들의 기본적인 사고방식 또한 알 수 있게 되어 영어 독해가 쉬워집니다. 그래서 예문으로 가능하면 많은 서양 명언과 속담을 포함하였습니다.

이 책에서는 영어 가사를 가능하면 직역을 하여 정확한 뜻의 전달과 영어 공부를 할 수 있도록 하였습니다. 영어 가사를 한글로 의역하면 더 아름답게 의미가 전달될 수 있지만, 한글 의역을 통한 노래의 의미 파악보다는 영어 그대로의 느낌을 살리면서 노래를 들어보고 해석해 보는 것이 영어를 공부한다는 차원에서 바람직하기 때문입니다.

주 일학교에서 이 책을 교재로 사용한다면 노래 듣기와 해석을 통한 공부에 1~2주, 목사님이나 전도사님이 관련 성경 말씀을 강의해 주시고 노래와 친해지는데 1주일, 그리고 아이들이 파트를 나누어서 직접 노래해 보고 노래와 관련된 성경말씀에 대해 서로의 체험(간증) 나누기를 1주일 정도 한다면 한 달에 CCM(Contemporary Christian Music) 1개를 배울 수 있어 1년 동안 12개 정도의 CCM을 배울 수 있을 것입니다.

물 론 아직 신앙생활을 하지 않는다 하더라도 아름다운 영어 가사와 선율로 이루어진 하나님을 향한 사랑의 노래인 CCM을 반복해서 듣고 저절로 외우면 편안하고 행복하게 영어를 배울 수 있을 것입니다.

대 부분 아이들이 초등학생 시절이 지나면 질풍노도의 시기를 겪게 됩니다. 북한이 우리나라를 쳐들어오지 못하는 것은 4차원의 중학생들이 있기 때문이라는 말이 있을 정도입니다. 그러나 초등학생 시절부터 지극한 선이신 주님의 영향력 안에서 하나님이 주신 달란트를 갈고 닦으며 청소년기를 보낸다면 이 땅의 청소년들 각자가 행복하고 즐거운 삶을 살 수 있을 것이며 우리나라도 정말 더욱 아름답고 훌륭한 나라가 될 수 있다고 생각됩니다. 물론 남들이 보기에는 모범생이었지만 끊임없는 방황과 갈등 그리고 알 수 없는 두려움에 사로잡혀 어린 시절과 청소년기를 보냈던 저와 같은 아이들도 이 책을 통하여 하나님 아버지의 우리들에 대한 무한한 사랑을 배워가며 성령의 감동으로 용기를 얻고 예수님 안에서 거듭날 수 있다 확신합니다.

마 지막으로 성령의 영감으로 이렇게 아름다운 곡들을 세상에 나오게 해주신 이 곡들의 작사가, 작곡가와 찬양사역자 분들, 이 책의 악보와, 내용을 감수해주신 분들께 감사드리며, 무엇보다도 영원토록 찬양받으실 하나님께 모든 영광을 돌립니다.

2020년 3월
이 철 주 올림

About this book

이 책의 구성은...

아래와 같이 노래를 알아보고, 노래를 배워보고, 번역해
본 후 관련된 성경 말씀을 알아보도록 구성되어 있습니다.

Draw me close to you

Draw me close to You
Never let me go
I lay it all down again
To hear You say that I'm Your friend
⋮

◇ QR코드를 스캔하여 유튜브로 들어보세요!!
◇ 유튜브(www.youtube.com) 검색창에 아래와 같이 입력하고 돋보기를
클릭해도 됩니다.

draw me close michael w smith　|　🔍

🎤 노래 알아보기

이곡은 작곡가이고, 키보드 연주자이며, 예배 인도 사역자인 켈리 카펜터(Kelly carpenter)가 1994년에 작곡하였습니다.
켈리 카펜터는 어느 날 모든 것을 내려놓고 주님과 가까워지고자 하는 기도 후에 20분 정도의 짧은 ...
⋮

🎵 노래 배우기

Draw me close to You
　draw (~을) 끌다, 잡아당기다, 뽑아내다　　　　　drawer 서랍
　close (시간이나 거리가) 가까운, 이웃한, 친밀한　　　close to ~~로 가까이
　▷ near도 가까운 이란 뜻인데 close는 near보다 더 가까울 때 사용됩니다
⋮

🎵 노래 배우기(REMIND)

Draw me close to You
　draw ____끌다____　　● **drawer** ____서랍____
　close ____가까이____　　● **close to** ____∼로 가까이____　　**near** ____가까운____

🎵 영한번역

Draw me close to You
Never let me go
I lay it all down again
To hear You say that I'm Your friend

{ 나를 이끌어 주세요 당신(하나님)께로
나를 가도록 하지 말아 주세요
나는 다시 그 모든 것을 내려놓습니다
당신이 '내가 당신의 친구'라고 말씀하시는 것을 듣기 위하여

노래와 관련된 성경말씀

"No one can come to me unless the Father who sent me draws him, and I will raise him up at the last day. (John 6:44)

나를 보내신 아버지께서 이끌지 아니하시면 아무도 내게 올 수 없으니 오는 그를 내가 마지막 날에 다시 살리리라. (요한복음 6:44)

:

영어성경 말씀을 한글로 해석해 보기

"No one can come to me unless the Father who sent me draws him, and I will raise him up at the last day. (John 6:44)

'DRAW ME CLOSE TO YOU'에서 배웠던 단어들로 퍼즐(puzzle)을 완성해 봅시다! (정답은 책의 뒤편에서 확인하세요)

 이 책에서는 기호를 사용하여...

관련 영어 단어를 암기하기 쉽도록 하였고 듣기에 도움을 주고자 발음에 관한 기호를 표시였습니다.
이 책에 나오는 기호들은 아래와 같습니다.

기 호	예 문
↔ 반의어(반대말)	near 가까운, 가까이 ↔ far 먼, 멀리
= 동의어(또는 유의어)	grateful 감사하는(=thankful)
< 부등호는 더 강한 의미임을 나타낼 때	desire 열망, 간절히 원하다 > want 바라는 것, 원하다
[ ] 발음	I'll [아이윌]이 아닌 [아일]이라고 발음됩니다
▶ 관련 단어, 숙어 또는 예문	with ~을 가지고, 와 함께 ▶ with water 물을 가지고 ▶ with me 나와 함께
속담 관련된 속담(proverb)	속담 A friend in need is a friend indeed 필요할 때 친구가 진정한 친구

 이 책에 수록된 곡들은...

QR코드를 스캔하여 유튜브(www.youtube.com)에서 곡을 찾아 볼 수 있습니다.

 이 책에 수록된 성경은...

한글은 개역개정, 영문은 NIV(New International Version)를 주로 사용하였습니다.

C·O·N·T·E·N·T·S

Draw me close to you*

Draw me close to you   nev-er let me go.
You are my de - sire,   No one else will do.

I lay it all down a-gain   to hear You say that I'm Your friend.
'Cause noth-ing else could take Your place   to feel the warmth of Your em-brace

Help me find the way.   bring me back to You.

You're all I want,   You're all I've ev - er need-ed

You're all I want,   Help me know You near.

◇ QR코드를 스캔하여 유튜브로 들어보세요!!

◇ 유튜브(www.youtube.com) 검색창에 아래와 같이 입력하고
돋보기를 클릭해도 됩니다.

| draw me close michael w smith | 🔍 |

Draw me close to You
Never let me go
I lay it all down again
To hear You say that I'm Your friend

You are my desire
No one else will do
Cause nothing else could take Your place

To feel the warmth of Your embrace
Help me find the way
Bring me back to You

You're all I want
You're all I've ever needed
You're all I want
Help me know You are near

🎤 노래 알아보기

　이곡은 작곡가이자, 피아니스트이며, 예배 인도 사역자인 켈리 카펜터(Kelly Carpenter)가 1994년에 작곡하였습니다. 캘리는 5살 때부터 작곡을 하였고 학창시절에는 다양한 라이브 밴드 활동을 해왔으며 학교를 졸업한 후에는 마이크로소프트사에 근무하는 등 컴퓨터 프로그래머로서도 성공적인 삶을 살기도 했습니다. 켈리는 1994년 1월 어느 주일에 교회에서 돌아오다가 자신이 그 당시 열정적으로 야심차게 추진하고 있던 음악사역이 겉으로는(ostensibly) 주님을 위한 것 같으나, 그러한 사역을 하고 있는 자신은 주님과 분리되어 있음을 느꼈다고 합니다. 그래서 그는 모든 것을 내려놓고 주님과 가까워지고자 하는 기도 후에 20분 정도의 짧은 시간동안 이 노래를 작곡했다고 합니다. 이 곡은 세상에 나온 후 한동안은 많이 알려지지 않았지만 목사이자 찬양사역자인 앤디 팍(Andy Park), 5인의 형제로 이루어진 그룹인 더 카티나스(The Katinas) 등이 부르면서 알려지기 시작했고, 특히 마이클 더블유

스미스(Michael W. Smith)가 2001년 발표한 앨범인 워쉽(Worship)에 이 곡이 수록되면서 많이 알려지게 되었습니다.

피아노 반주와 잘 어울리고 노래가 어렵지 않으며 감미롭고 포근한 느낌의 노래입니다. "내 속에 내가 너무도 많아 당신의 쉴 곳 없네, 내 속에 헛된 바램들로 당신이 편할 곳 없네" 라는 가수 조성모씨가 불렀던 '가시나무새'의 가사처럼 다양한 미디어와 재미 또는 헛된 걱정들이 끊임없이 다가오고 우리가 그 것들을 우상처럼 구하게 되는 세상에서, 내안에 계신 성령님을 평안하게 해드리고 하나님을 만나기가 정말 어려운 것 같습니다.

그릇이 비워져야 새로운 것을 채울 수 있는 것처럼 마음에 있는 많은 우상들을 내려놓아야 주님을 만날 수 있음을 알고 있습니다. 내려놓고 주님 곁으로 다가갈 수 있도록 용기를 허락하여 주시고 격려하여 주시옵소서. Draw me close to you, O Lord.

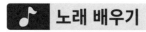

♪ 노래 배우기

Draw me   / close to You
이끌어주세요 나를 / 당신 곁으로

draw (~을) 끌다, 잡아당기다, 뽑아내다, (그림을) 그리다 (draw-drew-drawn)
  ▶ He draw water for me 그는 나를 위해 물을 길어준다
  ▶ The truck can draw heavy loads 그 트럭은 무거운 짐을 끌 수 있다.
  ▶ drawer 서랍, 발행인, 제도사
close (시간이나 거리가) 가까운, 이웃한, 친밀한
  ▶ close to ~ ~로 가까이
  ▶ near도 가까운 이란 뜻인데 close는 near보다 더 가까울 때 사용됩니다.

Never / let me go
마세요 / 내가 가도록 허락하지

never 절대(결코, 한 번도) ~ 않다
let me ~ 내가 ~ 하도록 해주세요(하소서)
  ▶ let me introduce myself 제 소개를 하게 해주세요
go 가다 (go-went-gone)

I lay it all down / again
나는 그 모든 것을 내려놓습니다 / 다시

lay 놓다, 두다, 얹다, 쌓다 (lay-laid-laid)
▷ lay ~ down ~을 내려놓다.
▷ He laid his hands on the sick 그는 아픈사람들에게 그의 손을 얹었다.
▷ They laid the foundation of our country 그들이 우리나라의 기초를 쌓았다.
▷ lay는 lie '눕다'(lie-lay-lain)의 과거형이기도 하므로 문맥을 보고 어떤 의미로 사용되었는지 확인해야합니다.
again 다시, 한번 더

To hear / You say / that I'm Your friend
듣기 위하여 / 당신이 말씀하심을 / 나는 당신(하나님)의 친구이다(라고)

hear (소리를)듣다, (소리가)들리다
▷ I stopped singing to hear the sound 나는 그 소리를 듣기 위해 노래하기를 멈추었다.
▷ Can you hear? 들리니?
say 말하다 (say-said-said)
friend 친구
▷ 속담 A friend in need is a friend indeed 필요할 때 친구가 진정한 친구

You are / my desire
당신은 / 나의 간절한 바램

desire (명사로) 열망, 동경, (동사로) 간절히 원하다 >
want (명사로) 바라는 것, (동사로) 바라다, 원하다
▷ Desires of the diligent are satisfied 부지런한 사람들의 간절한 바램들은 충족된다.
▷ I desire to do your will 나는 당신의 뜻을 행하기를 간절히 원합니다.

No one else / will do
아무 다른 누구도 없습니다 / 그렇게 할 수

else 또 다른
▷ anything else 그밖에 무언가
▷ something else 무언가 다른 중요한 것
do 하다, 행하다 (do-did-done)

Cause / nothing else / could take Your place
왜냐하면 / 다른 아무것도 없습니다 / 당신의 자리를 대신할 수

cause 왜냐하면(=because)
nothing else 다른 아무것도 (~않다, 없다)
take 가져가다, 데리고 가다, 가지다, 필요로 하다 (take-took-taken)
▶ take your 두 단어를 붙여서 [테이켤]이라고 발음합니다
place 장소, 자리, 지위, 위치
▶ take one's place 누구를 대신하다.

To feel / the warmth /of Your embrace
느끼기 위하여 / 그 따뜻함(을) / 당신(하나님)의 포옹의

feel 느끼다 ▶ to feel 느끼기 위해서 ▶ feeling 느낌
warmth 온기, 따뜻함 ▶ vital warmth 체온 ▶ warm 따뜻한
embrace 포옹, 포옹하다 < hug 꼭 껴안다, 꼭 껴안음
▶ My mother embraced me warmly 나의 엄마는 나를 따뜻하게 안아주었다.

Help / me / find / the way
도와주세요 / 나를 / 찾도록 / 그 길(을)

help 도와주다, 도움 ▶ pray to God for help 하나님께 도움을 구하다.
find (우연히) 찾다 ▶ find out 발견하다, 알아내다, 간파하다.
way 길, 방법
▶ 속담 Where there is a will, there is a way 뜻이 있는 곳에 길이 있다.

Bring me back / to You
되돌려 주세요 나를 / 당신께로

bring 가져오다 ▶ bring me my bag 나에게 내 가방을 가져다줘
back 뒤로, 등, 척추, 다시 ▶ back to back 등을 마주하고
▶ get something back (잃었던 것을) 되찾다.

You're / all / I want
당신은 / 모든 것 / 내가 원하는

you're(=you are) [유얼]에서 유가 거의 들리지 않아 [열]이라고 발음됩니다.

all 모든, 모든 것, [올]보다는 [얼]에 가깝게 발음됩니다.

want 바라는 것, 바라다, 원하다.

all (that) I want 이 문장에서는 'that' 이 생략되어 있고 'I want'가 'all'을 꾸며주고 있습니다.

You're all   / I've ever needed
당신은 모든 것 / 내가 정말로(언제나) 필요로 해왔던

ever (감탄문에서) 정말로·매우, (의문문에서) 지금까지·이제까지 (긍정문에서) 언제나·항상

I've(=I have) 've' 가 작게 발음되어 [아이ㅂ]이라 발음됩니다.

need 필요, 필요로 하다
  ▶ 속담 A friend in need is a friend indeed 필요할 때 친구가 진정한 친구

Help me   / know / You are near
도와주세요 나를 / 알도록 / 당신이 곁에 있다(는 것을)

know 알다(know-knew-known)   ▶ knowledge 지식

near 가까운, 가까이 ↔ far 멀리

📖 Mini 문법 (명령문)

이곡에서 배운 Draw me, Help me 와 같은 명령문에 대해 알아봅시다. 일반적으로 주어가 없이 동사(원형) 부터 문장이 시작되면 명령문이 됩니다. 아래에서 동사인 help(도와주다), 형용사인 near(가까운), 그리고 명사인 friend(친구)가 어떻게 명령문으로 사용되는지 예문으로 알아봅시다.

< 직접 명령문 >

	평서문	명령문
동사 (help)	You help me 당신은 도와준다 나를	**Help me** 도와주세요 나를
형용사 (near)	You are near to me 당신은 가까이 있다 나에게	**Be near to me** 가까이 있어주세요 나에게
명사 (friend)	You are my friend 당신은 나의 친구이다	**Be my friend** 나의 친구가 되어주세요

위에서 배운 것은 상대방(you)에게 직접 명령하는 형태로 '직접 명령문'이라 합니다. 명령문의 또 다른 형태를 살펴보면, 이곡에 나온 'let me go'와 같이 나(I), 우리(We) 또는 제3자(He, She, They 등)가 어떤 것을 하는 것을 허락해달라는 의미로도 명령문을 만들 수 있는데, 이를 '간접명령문'이라 합니다.

< 간접 명령문 >

	평서문	명령문
나 (I)	I go 내가 간다	**Let me go** 내가 가게(= 가도록) 해주세요
우리 (We)	We go 우리가 간다	**Let us go** 우리가 가게 해주세요
제3자 (He, It, They)	He go 그가 간다 It go 그것이 간다 they go 그들이 간다	**Let him go** 그가 가게 해주세요 **Let it go** 그것이 가게 해주세요 **Let them go** 그들이 가게 해주세요

참고로 명령문에 부정의 의미를 넣고 싶을 때는 Don't(=Do not) 또는 Never를 앞에 붙이면 됩니다.
☞ Let me go 나를 가게 해주세요 ↔ Don't(또는 Never) let me go 나를 가게 하지 말아 주세요.

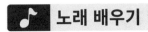 **노래 배우기**

아래와 같이 앞서 배웠던 단어나 문구의 뜻을 말해보고 각자 문장을 만들어 보세요!!

Draw me close to You

draw ___끌다___ (draw _____drawn)
▷ drawer _____~로 가까이_____
close ___가까이___
▷ close to ~ _____ ▷ near _____

Never let me go

never _____
let me ~ _____
▷ let me introduce myself _____
go _____ (go _____ - _____)

I lay it all down again

lay ~ down _____
again _____

To hear You say that I'm Your friend

hear _____
▷ I stopped singing to hear the sound _____
say _____
friend _____ ▷ 속담 A friend in _____ is a friend indeed

You are my desire

desire _____ > want _____

No one else will do

else _____ ▷ anything else _____ ▷ something else _____

Cause nothing else could take Your place

cause (=because)
nothing else
take
take one's place

To feel the warmth of Your embrace

feel ▶ to feel ▶ feeling
warmth ▶ warm
embrace < hug

Help me find the way

help ▶ pray to God for help
find ▶ find out
way ▶ find out
▶ 속담 Where there is a _____, Where there is a _____

Bring me back to You

bring ▶ bring me my bag
back ▶ back to back
▶ get something back

You're all I want

all
want

You're all I've ever needed

ever
need ▶ 속담 A friend in _____ is a friend _____

Help me know You are near

know ▶ knowledge
near ↔ **far**

📖 Mini 문법(REMIND)

직접 명령문으로 영작해 봅시다.

나를 도와주세요	
나에게 가까이 있어주세요	
나의 친구가 되어주세요	

간접 명령문으로 영작해 봅시다.

내가 가게(=가도록) 해주세요	
우리가 가게 해주세요	
그가 가게 해주세요	

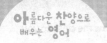

영한번역

Draw me close to You	나를 이끌어주세요 당신(하나님)께로
Never let me go	내가 가도록 허락하지 마세요
I lay it all down again	나는 다시 그 모든 것을 내려놓습니다
To hear You say that I'm Your friend	당신이 '내가 당신의 친구'라고
	말씀하심을 듣기 위하여

You are my desire	당신(하나님)은 나의 간절한 바램
No one else will do	아무도 그렇게 할 수 없습니다
Cause nothing else could take	왜냐하면 다른 아무것도 당신의 자리를
Your place	대신할 수 없기 때문입니다
To feel the warmth of Your embrace	당신의 포옹의 따뜻함을 느끼기 위하여
Help me find the way	내가 그 길을 찾도록 도와주세요
Bring me back to You	나를 당신께로 되돌려 주세요

You're all I want	당신(하나님)은 내가 원하는 모든 것
You're all I've ever needed	당신은 내가 정말로(언제나) 필요로 하는 모든 것
You're all I want	당신은 내가 원하는 모든 것
Help me know You are near	당신이 곁에 계시다는 것을 내가 알도록 도와주세요

※ 상기 번역은 영어공부를 위한 해석(직역)이며 공인된 한글 번역곡(가사)은 아님을 알려드립니다.

✝ 성경말씀

앞서 배운 영어찬양과 관련된 성경말씀을 알아봅시다!!

Submit yourselves, then, to God. Resist the devil, and he will flee from you. <u>Come near to God and he will come near to you.</u> Wash your hands, you sinners, and purify your hearts, you double-minded. (James 4:7-8)

그런즉 너희는 하나님께 복종할지어다 마귀를 대적하라 그리하면 너희를 피하리라. <u>하나님을 가까이하라 그리하면 너희를 가까이하시리라</u> 죄인들아 손을 깨끗이 하라 두 마음을 품은 자들아 마음을 성결하게 하라. (야고보서 4:7-8)

"<u>Come to me</u>, all you who are weary and burdened, and I will give you rest. (Matthew 11:28)

"<u>수고하고 무거운 짐 진 모든 자들아</u>, 너희는 내게로 오라. 내가 너희에게 안식을 주리라." (마태복음 11:28)

"<u>No one can come to me unless the Father who sent me draws him</u>, and I will raise him up at the last day. (John 6:44)

<u>나를 보내신 아버지께서 이끌지 아니하시면 아무도 내게 올 수 없으니</u> 오는 그를 내가 마지막 날에 다시 살리리라. (요한복음 6:44)

The reason my Father loves me is that I <u>lay down my life</u>--only to take it up again. (John 10:17)

<u>내가 내 목숨을 버리는 것은</u> 그것을 내가 다시 얻기 위함이니 이로 말미암아 아버지께서 나를 사랑하시느니라. (요한복음 10:17)

<u>Let us then approach God's throne of grace</u> with confidence, so that we may receive mercy and find grace to help us in our time of need. (Hebrews 4:16)

그러므로 우리가 긍휼을 얻고 필요한 때에 도우시는 은혜를 얻기 위해 <u>은혜의 왕좌로 담대히 갈 것이니라.</u> (히브리서 4:16)

But as for me, it is good to be near God. I have made the Sovereign LORD my refuge; I will tell of all your deeds. (Psalm 73:28)

하나님께 가까이 함이 내게 복이라 내가 주 여호와를 나의 피난처로 삼아 주의 모든 행적을 전파하리이다. (시편 73:28)

Let us come before him with thanksgiving and extol him with music and song. (Psalm 95:2))

" 우리가 감사하며 그분 앞에 나아가고 시를 지어 그분을 향해 즐거이 소리치자. (시편 95:2)

Worship the LORD with gladness; come before him with joyful songs. (Psalm 100:2)

"즐거움으로 주를 섬기고 노래하면서 그분 앞으로 갈지어다." (시편 100:2)

The LORD is near to all who call on him, to all who call on him in truth. (Psalms 145:18)

"여호와께서는 자기에게 간구하는 모든 자 곧 진실하게 간구하는 모든 자에게 가까이 하시는도다" (시편 145:18)

(James 4:7-8) flee from ~ ~로 부터 도망가다
(John 6:44) unless ~ 하지 않으면
(John 10:17) reason 이유, 까닭 ▶ reasonable 이치에 맞는, 합리적인
(Hebrews 4:16) with confidence 자신(확신)을 가지고
(Psalms 145:18) in truth 진실로, 참으로

📱)) 성경 말씀(REMIND)

앞서 배운 성경말씀을 소리 내어 읽어보고 해석해 보세요!!

Submit yourselves, then, to God. Resist the devil, and he will flee from you. <u>Come near to God and he will come near to you</u>. Wash your hands, you sinners, and purify your hearts, you double-minded. (James 4:7-8)

"<u>Come to me,</u> all you who are weary and burdened, and I will give you rest. (Matthew 11:28)

"<u>No one can come to me unless the Father who sent me draws him</u>, and I will raise him up at the last day. (John 6:44)

The reason my Father loves me is that <u>I lay down my life</u>--only to take it up again. (John 10:17)

<u>Let us then approach God's throne of grace with confidence</u>, so that we may receive mercy and find grace to help us in our time of need. (Hebrews 4:16)

But as for me, <u>it is good to be near God</u>. I have made the Sovereign LORD my refuge; I will tell of all your deeds. (Psalm 73:28)

Let us come before him with thanksgiving and extol him with music and song. (Psalm 95:2)

___

Worship the LORD with gladness; come before him with joyful songs. (Psalm 100:2)

___

The LORD is near to all who call on him, to all who call on him in truth. (Psalms 145:18)

___

Puzzle 1

'DRAW ME CLOSE TO YOU' 에서 배웠던 단어들로 퍼즐(puzzle)을 완성해 봅시다!

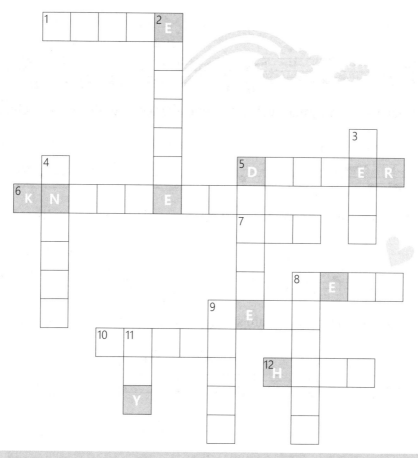

Across_가로

1. 장소, 자리, 지위, 위치
5. 서랍
6. 지식, A little _____ is dangerous 얕은 지식은 위험하다. 선무당이 사람잡는다
7. 말하다(= talk)
8. 느끼다
9. 가까운, 가까이 (↔far 멀리)
10. (시간이나 거리가) 가까운, 이웃한, 친밀
12. 듣다, 들리다

Down_세로

2. 포옹(= hug)
3. 도와주다
4. 진정한 A friend in need is a friend _____
5. 열망, 동경, 간절히 원하다 > want
8. 친구
9. 절대(결코, 한번도) _____ let me go
11. (조심스럽게, 바닥에) 내려놓다 I _____ it all down again

정답은 책의 뒤편에서 확인하세요

Give Thanks *

Give thanks with a great-ful heart Give thanks to the Ho-ly One. Give

thanks be-cause He's giv-en Je-sus Christ, His Son. Give Son. And

now Let the weak say, "I am strong," let the poor say, "I am rich," be-cause of

what the Lord has done for us. And us. Give thanks.

* <거룩하신 하나님>
O.T. : Give Thanks / O.W. : Henry Smith
O.P. : Integrity's Hosanna! Music / S.P. : Universal Music Publishing Korea, CAIOS
Adm. : Capitol CMG Publishing / All rights reserved. Used by permission.

Give thanks with a grateful heart
Give thanks to the Holy One
Give thanks because He's given Jesus Christ, His Son × 2

And now let the weak say, "I am strong"
Let the poor say, "I am rich"
Because of what the Lord has done for us × 2

Give thanks with a grateful heart
Give thanks to the Holy One
Give thanks because He's given Jesus Christ, His Son × 2

And now let the weak say, "I am strong"
Let the poor say, "I am rich"
Because of what the Lord has done for us × 2

Give thanks
We Give thanks × 2

 ## 노래 알아보기

이곡은 헨리 스미스(Henry Smith)가 1978년에 작곡하였습니다. 헨리 스미스는 이 곡을 작곡할 당시부터 시력을 잃어가는 병으로 눈이 점점 안 보이게 되었지만 언젠가 목사님의 설교 말씀 중 들었던 고린도 후서 8장 9절의 말씀이 계속 마음속에 떠올랐고 병중에도 하나님이 허락해주신 많은 것들, 신학교를 졸업하게 해주시고 아내를 만나게 해주시고, 또한 친구들과 찬양할 수 있는 일상을 허락 해주신 것들을 생각하며 주님에 대한 감사와 사랑의 고백으로 이 곡을 작곡하게 되었다 합니다. 우리나라에서는 돈 모엔(Don Moen)목사님이 부르신 노래로 널리 알려져 있는데, 이곡은 돈 모엔(Don Moen) 목사님이 최초로 녹음한 라이브 찬양앨범이며 1986년에 발표된 같은 이름의 앨범(Give Thanks)에 타이틀곡으로 수록되어 있습니다. 또한 여러 국가의 언어로 번역되어 전 세계적으로 널리 알려진 찬양입니다. 우리나라에서는 '거룩하신 하나님'이라는 곡으로 많이 불리고 있습니다. 저의 삶을 돌이켜 보면 하나님께서 허락해 주신 것들에 대하여 진심으로 감사하고 진지하게 대하지 않아서 하나님께서 주신 기회들을 많이 흘려버린 경우가 많았음을 고백합니다. 그래도 삼손의 머리카락을 다시 자라게 해주신 것처럼 우리를 여전히 사랑해 주시고 끊임없이 격려해주시며 은혜를 허락해 주시는 하나님께 감사드립니다.

🎵 **노래 배우기**

Give thanks / with a grateful heart
감사드리자 / 감사하는(기쁜) 마음으로

Give thanks 감사를 주어라(=감사드리자, 감사드리세)
with ~을 가지고, 와 함께 ▶ with water 물을 가지고 ▶ with me 나와 함께
grateful(=thankful, glad) 감사하는, 고마워하는, 기쁜
heart 마음, 심장

Give thanks / to the Holy One
감사드리자 / 거룩한 존재(분)께

thanks to ~ ~ 에게 감사하다
holy 거룩한 ▶ silent night holy night 고요한 밤 거룩한 밤 ▶ holiness 거룩함
one 존재, 하나, 한 개

Give thanks / because / He's given / Jesus Christ, His Son
감사드리세 / 왜냐하면 / 하나님께서는 주셨다 / 예수님, 그의 아들(을)

because 때문에
He 그, 여기서는 대문자로 '하나님'을 뜻함
He's given(= He has given) [히스기븐]이라 들립니다.
give 주다 (give-gave-given)
Jesus Christ 예수님
His 그의, 여기서는 대문자로 '하나님의'란 의미입니다.
 ▶ His Son(=Jesus Christ) 하나님의 아들
Jesus Christ와 His Son 사이의 컴마(,)는 동등한 것을 연결할 때 사용됩니다.

And / now / let / the weak say, / "I am strong"
그리고 / 지금 / 허락하시네 / 약한자들이 말하도록, / 나는 강하다(라고)

and 그리고 ↔ **but** 그러나
now 현재(지금) ▶ past 과거 ▶ future 미래
let 허락하다, 시키다 ▶ let me drink water 내가 물을 먹도록 허락해 주세요.
weak 약한 ▶ the weak 약한 사람들
'the + 형용사'는 '형용사 성질을 가진 사람들'로 해석합니다.

▶ the happy 행복한 사람들 ▶ the good 선한 사람들
say 말하다 (say-said-said)
strong 강한, 힘쎈 ▶ strength 힘
▶ 속담 In unity, there is strength 뭉치는 곳에 힘이 있다.

Let　　 / the poor say,　　 / "I am rich"
허락하시네 / 가난한자들이 말하도록, / 나는 부유하다(라고)

poor 가난한 ▶ the poor 가난한 사람들
rich 부유한 ▶ the rich 부유한 사람들

Because of / what the Lord has done / for us
때문에　　 / 하나님이 행하셨던 것　　 / 우리를 위하여

because (of) 때문에 ▶ because 뒤에는 문장이 because of 뒤에는 명사 또는 명사절이 옵니다.
what ~한 것, ~한 일, 무엇 (=the thing which)
▶ You get what you pay for 네가 값을 치른 것을 너는 얻는다
▶ 속담 Never put off till tomorrow what you can do today 오늘 할 수 있는 것을 내일로 미루지 말라.

📖 Mini 문법(사역동사)

사역(시키는) 동사 뒤에는 '동사원형'이 오기도 하고 'to+동사원형'이 오기도 합니다, let, have, make는 뒤에는 '동사원형'을, get 뒤에는 'to+동사원형'을 써야합니다. 특이하게 help뒤에는 '동사원형'과 'to+동사원형'을 둘 다 쓸 수 있는데, 'to+동사원형'을 쓰는 경우가 보다 격식을 갖춘 표현입니다.

한글 해석	동사원형	to + 동사원형
내가 가도록 허락해주세요	**Let me go (O)**	Let me to go (X)
나는 그가 가도록 시킨다(부탁)	**I have him go (O)**	I have him to go (X)
나는 그가 가도록 시킨다(강제)	**I make him go (O)**	I make him to go (X)
나는 그가 가도록 시킨다(설득)	I get him go (X)	**I get him to go (O)**
내가 가도록 도와주세요	**Help me go (O)**	**Help me to go (O)**

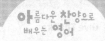

 노래 배우기(REMIND)

아래와 같이 앞서 배웠던 단어나 문구의 뜻을 말해보고 각자 문장을 만들어 보세요!!

Give thanks with a grateful heart

Give thanks *감사드리자*
with _____~로 가까이_ ▶ with _____ ▶ with me _____
grateful(=thankful, glad) _____
heart _____

Give thanks to the Holy One

thanks to ~ _____
holy _____ ▶ silent night holy night _____
▶ **holiness** _____
one _____

Give thanks because He's given Jesus Christ, His Son

because _____
He's given (= He has given) _____
give (give _____ - _____)
Jesus Christ _____
His _____ ▶ His Son(=Jesus Christ) _____

And now let the weak say, "I am strong"

and _____ ↔ **but**
now _____ ▶ past _____ ▶ future _____
let _____ ▶ let me drink water _____
weak _____ ▶ the weak _____
say _____
strong _____ ▶ strength _____
▶ 속담 In unity, there is strength _____

Let the poor say, "I am rich"

poor _____ ▶ the poor _____
rich _____ ▶ the rich _____

Because of what the Lord has done for us

because of _____
what _____ ▶ (= the thing _____)
▶ You get _____ you pay for
▶ 속담 Never put _____ till tomorrow _____ you can do today

📖 Mini 문법(REMIND)

한글 해석을 보고 영작해보세요.

내가 가도록 허락해주세요	*Let me go*
나는 그가 가도록 시킨다(부탁)	
나는 그가 가도록 시킨다(강제)	
나는 그가 가도록 시킨다(설득)	
내가 가도록 도와주세요	

🎯 영한번역

Give thanks with a grateful heart   감사드리세 감사하는(기쁜) 마음으로

Give thanks to the Holy One   감사드리세 거룩한 존재(분)께

Give thanks because He's given Jesus   감사드리세 왜냐하면 하나님께서 그의 아들

Christ, His Son   예수님을 주셨기 때문에

Give thanks with a grateful heart   감사드리세 감사하는(기쁜) 마음으로

Give thanks to the Holy One   감사드리세 거룩한 존재께

Give thanks because He's given Jesus   감사드리세 왜냐하면 하나님께서 그의 아들

Christ, His Son   예수님을 주셨기 때문에

(refrain)   (후렴)

And now let the weak say, "I am strong"   그리고 이제는 약한 사람들이 '나는 강하다'라고 말할 수 있게 하시고,

Let the poor say, "I am rich"   가난한 사람들이 '나는 부유하다'라고 말할 수 있게 하시네

Because of what the Lord has done for us   왜냐하면 주님이 우리를 위해 하신 일 때문에

refrain   후렴

Give thanks with a grateful heart   감사드리세 감사하는(기쁜) 마음으로

Give thanks to the Holy One   감사드리세 거룩한 존재(분)께

Give thanks because He's given Jesus   감사드리세 왜냐하면 하나님께서 그의 아들

Christ, His Son   예수님을 주셨기 때문에

Give thanks with a grateful heart   감사드리세 감사하는(기쁜) 마음으로

Give thanks to the Holy One   감사드리세 거룩한 존재(분)께

Give thanks because He's given Jesus   감사드리세 왜냐하면 하나님께서 그의 아들

Christ, His Son   예수님을 주셨기 때문에

refrain   후렴

refrain   후렴

Give thanks   감사드리세

We Give thanks   우리 감사드리세

We Give thanks   우리 감사드리세

※ 상기 번역은 영어공부를 위한 해석(직역)이며 공인된 한글 번역곡(가사)은 아님을 알려드립니다.

✝ 성경말씀

앞서 배운 영어찬양과 관련된 성경말씀을 알아봅시다!!

For you know the grace of our Lord Jesus Christ, that <u>though he was rich, yet for your sake he became poor,</u> so that you through his poverty might become rich. (2 Corinthians 8:9)

우리 주 예수 그리스도의 은혜를 너희가 알거니와 <u>부요하신 이로서 너희를 위하여 가난하게 되심은</u> 그의 가난함으로 말미암아 너희를 부요하게 하려 하심이라. (고린도후서 8:9)

"Sing praise to the LORD, you His godly ones, And <u>give thanks</u> to His holy name.
For His anger is but for a moment, His favor is for a lifetime; Weeping may last for the night, But a shout of joy comes in the morning.(Psalm 30:4~5, NASB)

주의 성도들아 여호와를 찬송하며 그의 거룩함을 기억하며 감사하라
그의 노염은 잠깐이요 그의 은총은 평생이로다 저녁에는 울음이 깃들일지라도 아침에는 기쁨이 오리로다. (시편 30:4-5)

We <u>give thanks</u> to you, O God, we <u>give thanks</u>, for your Name is near; men tell of your wonderful deeds. (Psalm 75:1)

하나님이여 <u>우리가 주께 감사하고 감사함</u>은 주의 이름이 가까움이라 사람들이 주의 기이한 일들을 전파하나이다. (시편 75:1)

Let us come before him with <u>thanksgiving</u> and extol him with music and song. (Psalm 95:2)

우리가 <u>감사함</u>으로 그 앞에 나아가며 시를 지어 즐거이 그를 노래하자. (시편 95:2)

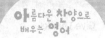

Praise the LORD. Give thanks to the LORD, for he is good; his love endures forever. (Psalm 106:1)

할렐루야 여호와께 감사하라 그는 선하시며 그 인자하심이 영원함이로다. (시편 106:1)

You are my God, and I will give you thanks; you are my God, and I will exalt you. Give thanks to the LORD, for he is good; his love endures forever. (Psalms 118:28~29)

주는 나의 하나님이시라 내가 주께 감사하리이다 주는 나의 하나님이시라 내가 주를 높이리이다 여호와께 감사하라 그는 선하시며 그의 인자하심이 영원함이로다. (시편 118:28~29)

Be joyful always; pray continually; give thanks in all circumstances, for this is God's will for you in Christ Jesus. (1 Thessalonians 5:16~18)

항상 기뻐하라; 쉬지 말고 기도하라; 범사에 감사하라 이것이 그리스도 예수 안에서 너희를 향하신 하나님의 뜻이니라. (데살로니가전서 5:16~18)

But we ought always to thank God for you, brothers and sisters loved by the Lord, because God chose you as firstfruits to be saved through the sanctifying work of the Spirit and through belief in the truth. (2 Thessalonians 2:13)

주께서 사랑하시는 형제들아 우리가 항상 너희에 관하여 마땅히 하나님께 감사할 것은 하나님이 처음부터 너희를 택하사 성령의 거룩하게 하심과 진리를 믿음으로 구원을 받게 하심이니. (데살로니가후서 2:13)

"For God so loved the world that he gave his one and only Son, that whoever believes in him shall not perish but have eternal life. (John 3:16)

하나님이 세상을 이처럼 사랑하사 독생자를 주셨으니 이는 그를 믿는 자마다 멸망하지 않고 영생을 얻게 하려 하심이라. (요한복음 3:16)

Speak to one another with psalms, hymns and spiritual songs. Sing and make music in your heart to the Lord,
always giving thanks to God the Father for everything, in the name of our Lord Jesus Christ. (Ephesians 5:19~20)

시와 찬송과 신령한 노래들로 서로 화답하며 너희의 마음으로 주께 노래하며 찬송하며
범사에 우리 주 예수 그리스도의 이름으로 항상 아버지 하나님께 감사하며 (에베소서 5:19~20)

(2 Corinthians 8:9, Psalm 30:5, John 3:16) For 왜냐하면 = because
(2 Corinthians 8:9) for your shake 당신을 위해
▶ for my shake 나를 위해 ▶ for his sake 그를 위해
(Psalm 75:1) deed 행위 ▶ do 행동하다
(Psalm 95:2) extol 칭송하다, 격찬하다 > praise 찬양하다, 칭찬하다
(1 Thessalonians 5:18) circumstance 상황, 환경, 처지
(2 Thessalonians 2:13) ought to : ~ 해야 한다

🔊 성경 말씀(REMIND)

앞서 배운 성경말씀을 소리 내어 읽어보고 해석해 보세요!!

For you know the grace of our Lord Jesus Christ, that <u>though he was rich, yet for your sake he became poor</u>, so that you through his poverty might become rich. (2 Corinthians 8:9)

Sing praise to the LORD, you His godly ones, And <u>give thanks</u> to His holy name.
For His anger is but for a moment, His favor is for a lifetime; Weeping may last for the night, But a shout of joy comes in the morning. (Psalm 30:4~5, NASB)

We <u>give thanks</u> to you, O God, we <u>give thanks</u>, for your Name is near; men tell of your wonderful deeds. (Psalm 75:1)

Let us come before him with <u>thanksgiving</u> and extol him with music and song. (Psalm 95:2)

Praise the LORD. <u>Give thanks to the LORD</u>, for he is good; his love endures forever. (Psalm 106:1)

You are my God, and <u>I will give you thanks</u>; you are my God, and I will exalt you. Give thanks to the LORD, for he is good; his love endures forever. (Psalms 118:28~29)

Be joyful always; pray continually; <u>give thanks</u> in all circumstances, for this is God's will for you in Christ Jesus. (1 Thessalonians 5:16~18)

But <u>we ought always to thank God</u> for you, brothers and sisters loved by the Lord, because God chose you as firstfruits to be saved through the sanctifying work of the Spirit and through belief in the truth. (2 Thessalonians 2:13)

"For <u>God so loved the world that he gave his one and only Son</u>, that whoever believes in him shall not perish but have eternal life. (John 3:16)

Speak to one another with psalms, hymns and spiritual songs. Sing and make music in your heart to the Lord,
<u>always giving thanks to God the Father for everything</u>, in the name of our Lord Jesus Christ. (Ephesians 5:19~20)

Puzzle 2

'**GIVE THANKS**'에서 배웠던 단어들로 퍼즐(puzzle)을 완성해 봅시다!

Across_가로	Down_세로
2 ~ 을 가지고, 와 함께	**1** 미래
4 마음, 심장	**3** 감사하는, 고마워하는, 기쁜
7 강한, 힘쎈	**4** 거룩한
8 말하다	**5** 과거
9 부유한 ↔ poor	**6** 가난한 ↔ rich
	10 노래

MEMO

3st

God will make a way*

God will make a way, where there seems to be no way He works
in ways we can-not see He will make a way for me
He will be my guide, hold me close-ly to His side With love and strength for
each new day He will make a way, He will make a - way
Fine

By a road-way in the wil-der-ness He'll lead me
and riv-ers in the des-ert will I see.

Heav-en and earth will fade, but His Word will still re-main and
D.C.

He will do some-thing new to-day,

* <나의 가는 길>
O.T. : God Will Make A Way / O.W. : Don Moen
O.P. : Integrity's Hosanna! Music / S.P. : Universal Music Publishing Korea, CAIOS
Adm. : Capitol CMG Publishing / All rights reserved. Used by permission.

(refrain_1) God will make a way
Where there seems to be no way
He works in ways we cannot see
He will make a way for me
He will be my guide
Hold me closely to His side
With love and strength for each new day
He will make a way
He will make a way

Oh~ refrain_1

(refrain_2) By a roadway in the wilderness
He'll lead me
Rivers in the desert will I see
Heaven and Earth will fade
But His Word will still remain
And He will do something new today

Oh~ refrain_1

refrain_2

Oh~ refrain_1

With love and strength for each new day
He will make a way, He will make a way

◇ QR코드를 스캔하여 유튜브로 들어보세요!!

◇ 유튜브(www.youtube.com) 검색창에 아래와 같이 입력하고
돋보기를 클릭해도 됩니다.

God will make a way don moen |

노래 알아보기

 이곡은 2003년도에 발표된 "The Best of Don Moen"이란 앨범에 수록된 곡이며 1992년도 미국의 CCM(Contemporary Christian Music) 음악상인 도브 어워드(Dove award)에서 올해의 노래로 선정된 바 있습니다. 우리나라에서는 '나의 가는 길'로 번안되어 불리고 있습니다.

 이 노래는 돈모엔(Don Moen, 1950~) 목사님이 작곡하셨습니다. 돈모엔 목사님은 어느 날 아내의 여동생과 여동생의 남편 그리고 그 부부의 네 자녀가 타고 가던 차가 큰 트럭과 부딪혀 심한 교통사고를 당했고 그중 한 명의 자녀를 잃게 되었다는 소식을 듣게 되었습니다. 돈 모엔 목사님은 레코딩 세션의 일정으로 인해 그들과 같이 있지 못했고, 크게 상심해 있는 그 부부를 어떻게 위로해 주어야 할지 고민하며 하나님께 깊이 기도하던 중 이사야 43장 2절의 말씀을 받아 이 곡을 작곡했다고 합니다.

 돈 모엔 목사님은 우리가 어떤 고난을 겪더라도 하나님은 결코 우리를 잊지 않고 계시며 하나님께서 우리를 당신의 손바닥에 새기셨다는 하나님의 말씀을 이 노래를 통해 고백하십니다.

 그리고 교통사고로 세상을 떠난 아이의 친구들이 먼저 떠나간 친구를 하늘에서 다시 만나기 위해서 하나님을 받아들였다고 합니다.

 하나님께서는 우리들에게 자유의지를 주셨기에 세상을 살다 보면 우리자신에 의해 또는 다른 사람들로 인해 여러 가지 힘든 일들을 경험하게 됩니다. 또한 어떤 일들은 왜 일어나는지 우리의 지혜로는 알 수 없으나 하나님이 필요하셔서 예비하신 일일 수도 있을 것입니다. 그러나 지극하신 선이신 하나님은 어떤 상황에서든지 우리가 알 수 없는 방법으로 가장 좋은 길을 예비하십니다.

 어떤 상황 속에서도 가장 좋은 때에 가장 좋은 것으로 예비해 주시며 우리에게 힘든 일이 생긴다면 더욱 선하고 복된 것을 우리에게 허락해주시고 우리를 위로해주시는 아버지 하나님을 생각하며 이 노래를 배워봅시다.

♪ 노래 배우기

God / will make / a way
하나님(은) / 만드실 것입니다 / 길(을)

God 하나님
will make 만들 것이다
a 어떤(some, certain), 하나의(one), 같은(same), 여기서는 some, certain으로 해석하는 것이 문맥상 맞습니다.
way 길(road, path), 방법 또는 방식(method)

Where / there seems to be / no way
~ 에서 / ~ 처럼 보이는 곳에서 / 길이 없는(것)

where ~ ~에서
there seems to be ~ ~처럼 보이다
Where there seems to be ~ ~처럼 보이는 곳에서

He / works / in ways / that we cannot see
그는 / 일하시네 / 방식으로 / 우리가 볼수 없는

He 그, 여기서는 하나님(God)
work 일하다
in ways 방법들로, 방식들로 ▶ in many ways 여러모로
we 우리 > I 나
cannot 불가능한 ↔ can 가능한
see 보다(see-saw-seen)
in ways that we cannot see 여기서 that은 접속사로서 that 뒤의 문장인 'we cannot see'는 'ways'를 꾸며주고(설명해주고) 있습니다.

He / will make / a way / for me
그는 / 만드실 것이다 / 길(을) / 나를 위하여

He / will be / my guide
그는 / 되어주실 것이다 / 나의 인도자(가)

guide 인도자, 안내자, 지도자
▶ travel guide 여행 인내자 ▶ guidance 인도, 안내, 지도

Hold / me / closely / to His side
붙드시네 / 나를 / 가까이 / 그의 곁으로

hold 붙들다, 지키다 ▶ uphold 지지하다
(He) hold me 그는 나를 붙드신다, 여기서는 He가 앞에 생략되어 있습니다.
closely 가까이 ▶ close 가까운 ↔ far 먼
His 그의, 여기서는 대문자로 '하나님의'라고 해석합니다
side 곁, 편 ▶ turn to my side 내편으로 돌아서라

With love and strength / for each new day
사랑과 힘으로   / 매일의 새로운 날을 위하여

with ~ ~와 동반하여, ~와 함께 , ~을 가지고 ↔ without ~ ~ 없이
'with + 사람'은 '사람과 함께'로, 'with + 물건'은 '물건을 가지고'로 해석합니다.
strength 힘 ▶ strong 힘센
each 각각의 ▶ each time 매번 ▶ each day 매일
new 새로운 ↔ old 오래된
  ▶ 속담 Don't put new wine into old bottle. 새 포도주를 오래된 병에 담지 말라

By a roadway / in the wilderness, / He'll lead / me
길을 따라서 / 광야에서,   / 그는 인도하여 주실 것이다 / 나를

by ~ 를 따라서, ~ 곁에, ~ 가까이, ~ 때문에
roadway 도로, 차도 ↔ walkway (=sidewalk) 보도, 인도
wilderness 광야, 황무지, 불모지, [윌더니스]라고 발음합니다
lead (lead-led-led) 이끌다 ▶ leader 이끄는 사람, 지도자

Rivers   / in the desert / will I see
강물들(을) / 사막안에서 / 나는 볼 것이다

river 강, 하천 ▶ the Yellow River 황하, the River Nile 나일강
desert[데저트] 사막 ▶ dessert[디저~트] 후식
rivers in the desert will I see = I will see rivers in the desert

Heaven and earth / will fade
하늘과 땅(은)   / 사라지게 될 것이다

heaven 하늘, 천국 ↔ **earth** 땅, 지구
fade 서서히 사라지다, 희미해지다, (명사로는) 도망
▷ fade in 점점 또렷해지며 나타남 ↔ fade out 점점 희미해지며 사라짐
▷ 속담 All that's fair must fade 아름다운 것은 모두 반드시 시들기 마련이다

But / His Word / will still remain
그러나 / 그의(하나님의) 말씀은 / 계속해서 남아있을 것이다

word 말, 여기서는 대문자로 시작하여 '하나님의 말씀'이라는 의미임
still 계속해서, 아직도, 아직까지
remain 남다 ▷ remnant 나머지 ▷ righteous remnant 남은 의인

He / will do / something new / today.
그(는) / 행하실 것이다 / 어떤 새로운 것(을) /오늘

something 어떤 것, 중요한 것 ↔ nothing 아무것도 아닌 것
something, nothing, anything을 수식해주는 형용사는 ~ thing 뒤에 위치합니다
▷ something new (o), new something (x)
today 오늘 ▷ yesterday 어제 ▷ tomorrow 내일
▷ 속담 Never put off till tomorrow what you can do today 오늘 할 수 있는 것을 내일로 미루지
마라

📖 Mini 문법 (문장의 시제)

이 곡에 나오는 'He will make a way'라는 가사를 가지고 예문과 해석으로 시제(과거, 현재, 미래)에 따른 문장(기본, 진행, 완료, 완료진행)을 알아봅시다.

문장 형태	과 거	현 재	미 래
기본	**He made** **a way** (yesterday) 만들었다 (어제)	**He make** **a way** (now) 만든다 (지금)	**He will make** **a way** (tomorrow) 만들 것이다 (내일)
진행	**He was making** **a way** (yesterday) 만들고 있는 중이었다 (어제)	**He is making** **a way** (now) 만들고 있는 중이다 (지금)	**He wil be making** **a way** (tomorrow) 만들고 있는 중일 것이다 (내일)
완료	**He had made** **a way** (until yesterday) 만들어 왔었다 (어제까지)	**He have made** **a way** (since my birth until now) 만들어 왔다 (내가 태어났을 때부터 현재까지)	**He will have made** **a way** (for 10 years by tomorrow) 만들어 왔을 것이다 (내일까지면 10년 동안)
완료 + 진행	**He had been making** **a way** (until yesterday) 만들어 왔었고, 만들고 있던 중이었다 (어제까지)	**He have been making** **a way** (since my birth until now) 만들어 왔고, 만들고 있는 중이다 (내가 태어났을 때부터 현재까지)	**He will have been** **making a way** (for 10 years by tomorrow) 만들어 왔을 것이고, 만들고 있는 중일 것이다 (내일까지면 10년 동안)

＊ 완료와 완료진행은 아래와 같이 암기하면 좋습니다.

완료 : had p.p.　　/ have p.p.　　/ will have p.p.
완료진행 : had been ing / have been ing / will have been ing

🎵 노래 배우기(REMIND)

아래와 같이 앞서 배웠던 단어나 문구의 뜻을 말해보고 각자 문장을 만들어 보세요!!

(refrain) God will make a way

refrain _후렴_
God _하나님_
will make _만들것이다_
a _어떤_ **(some, certain),** _하나의_ **(one),** _같은_ **(same)**
way _길_ **(road, path),** _방법, 방식_ **(method)**

Where there seems to be no way

where ~ _____
there seems to be ~ _____
Where there seems to be ~ _____

He works in ways that we cannot see

work _____
in ways _____ ▷ in many ways _____
we _____ > I _____
cannot _____ ↔ **can** _____
see _____ (see - _____ - _____)

He will make a way for me

He _____ ↔ **she** _____
will make _____
for me _____

He will be my guide

my guide _____ ▷ travel guide _____ ▷ guidance _____

Hold me closely to His side

hold _____ ▶ uphold _____
closely _____ ▶ close _____ ↔ far _____
side _____ ▶ turn to my side _____

With love and strength for each new day

with _____ ↔ far _____
strength _____ ▶ strong _____
with love and strength _____
each _____ ▶ each time _____ ▶ each day _____
new _____ ↔ **old** _____
  ▶ 속담 Don't put new wine into old bottle _____

By a roadway in the wilderness, He'll lead me

roadway _____ ↔ **far** _____
  ▶ by a roadway _____
wilderness _____
lead _____ (lead - _____ - _____) ▶ leader _____

Rivers in the desert will I see

river _____ < sea _____
desert _____ ▶ dessert _____

Heaven and earth will fade

heaven _____ ↔ earth _____
fade _____
  ▶ fade in _____ ↔ fade out _____
  ▶ 속담 All that is _____ must fade _____

But His Word will still remain

word _____
still _____
remain _____ ▶ remnant _____ ▶ righteous remnant _____

He will do something new today

something _____ ↔ **nothing** _____
today _____ ▶ yesterday _____ ▶ tomorrow _____
　　▶ 속담 Never put _____ till tomorrow _____ you can do today

📖 **Mini 문법(Remind)**

시제(과거, 현재, 미래)와 문장 형태(기본, 진행, 완료, 완료진행)에 맞게 문장을 만들어 봅시다.

문장 형태	과 거	현 재	미 래
기본		_He make a way_	
진행			
완료			
완료 + 진행			

영한번역

(refrain) God will make a way	(후렴) 하나님은 길을 만드실 것이네
Where there seems to be no way	길이 없어 보이는 곳에
He works in ways that we cannot see	그는 우리가 볼 수 없는 방법으로 일하시네
He will make a way for me	그는 나를 위해 길을 만드실 것이네
He will be my guide	그는 나의 인도자가 되실 것이네
Hold me closely to His side	그의 편으로 가까이 나를 붙드시네
With love and strength for each new day	사랑과 힘으로 매일 새로운 날마다
He will make a way, He will make a way	그는 길을 만드실 것이네, 그는 길을 만드실 것이네
refrain	후렴
By a roadway in the wilderness, He'll lead me	광야에서 길을 따라, 그는 나를 이끄실 것이네
Rivers in the desert will I see	사막에서 강을 나는 볼 것이네
Heaven and earth will fade	하늘과 땅은 닳아 없어질 것이다
But His Word will still remain	그러나 그의 말씀은 계속 남아있으리
He will do something new today	그는 오늘 새로운 일을 행하시리
refrain	후렴
By a roadway in the wilderness, He'll lead me	광야의 길가에서, 그는 나를 이끄실 것이네
Rivers in the desert will I see	사막에서 강을 나는 볼 것이네
Heaven and earth will fade	하늘과 땅은 닳아 없어질 것이다
But His Word will still remain	그러나 그의 말씀은 계속 남아있으리
He will do something new today	그는 오늘 새로운 일을 행하시리
refrain	후렴
With love and strength for each new day	사랑과 힘으로 매일 새로운 날마다
He will make a way, He will make a way	그는 길을 만드실 것이네, 그는 길을 만드실 것이네

상기 번역은 영어공부를 위한 해석(직역)이며 공인된 한글 번역곡(가사)은 아님을 알려드립니다.

✠ 성경말씀

앞서 배운 영어찬양과 관련된 성경말씀을 알아봅시다!!

When you pass through the waters, I will be with you; and when you pass through the rivers, they will not sweep over you. When you walk through the fire, you will not be burned; the flames will not set you ablaze (Isaiah 43:2)

네가 물 가운데로 지날 때에 내가 함께 할 것이라 강을 건널 때에 물이 너를 침몰하지 못할 것이며 네가 불 가운데로 지날 때에 타지도 아니할 것이요 불꽃이 너를 사르지도 못하리니 (이사야 43:2)

"Forget the former things; do not dwell on the past.
See, I am doing a new thing! Now it springs up; do you not perceive it? I am making a way in the desert and streams in the wasteland. (Isaiah 43:18~19)

너희는 이전 일을 기억하지 말며 옛날 일을 생각하지 말라
보라 내가 새 일을 행하리니 이제 나타낼 것이라 너희가 그것을 알지 못하겠느냐 반드시 내가 광야에 길을 사막에 강을 내리니. (이사야 43:18~19)

Can a mother forget the baby at her breast and have no compassion on the child she has borne? Though she may forget, I will not forget you!
See, I have engraved you on the palms of my hands; your walls are ever before me (Isaiah 49:15~16)

여인이 어찌 그 젖 먹는 자식을 잊겠으며 자기 태에서 난 아들을 긍휼히 여기지 않겠느냐 그들은 혹시 잊을지라도 나는 너를 잊지 아니할 것이라
내가 너를 내 손바닥에 새겼고 너의 성벽이 항상 내 앞에 있나니(이사야 49:15~16)

I know, O LORD, that a man's life is not his own; it is not for man to direct his steps. (Jeremiah 10:23)

여호와여 내가 알거니와 사람의 길이 자신에게 있지 아니하니 걸음을 지도함이 걷는 자에게 있지 아니하니이다. (예레미야 10:23)

Show me your ways, O LORD, teach me your paths;
guide me in your truth and teach me, for you are God my Savior, and my hope is in you all day long. (Psalms 25:4~5)

여호와여 주의 도를 내게 보이시고 주의 길을 내게 가르치소서
주의 진리로 나를 지도하시고 교훈하소서 주는 내 구원의 하나님이시니 내가 종일 주를 기다리나이다. (시편 25:4~5)

But he knows the way that I take; when he has tested me, I will come forth as gold. (Job 23:10)

그러나 내가 가는 길을 그가 아시나니 그가 나를 단련하신 후에는 내가 순금 같이 되어 나오리라. (욥기 23:10)

Trust in the LORD with all your heart and lean not on your own understanding; in all your ways acknowledge him, and he will make your paths straight. (proverbs 3:5~6)

너는 마음을 다하여 여호와를 신뢰하고 네 명철을 의지하지 말라
너는 범사에 그를 인정하라 그리하면 네 길을 지도하시리라. (잠언 3:5~6)

The LORD himself goes before you and will be with you; he will never leave you nor forsake you. Do not be afraid; do not be discouraged." (Deuteronomy 31:8)

그리하면 여호와 그가 네 앞에서 가시며 너와 함께 하사 너를 떠나지 아니하시며 버리지 아니하시리니 너는 두려워하지 말라 놀라지 말라. (신명기 31:8)

The grass withers and the flowers fall, but the word of our God stands forever. (Isaiah 40:8)

풀은 마르고 꽃은 시드나 우리 하나님의 말씀은 영원히 서리라 하라

Heaven and earth will pass away, but my words will never pass away.
(Matthew 24:35)

천지는 없어질지언정 내 말은 없어지지 아니하리라 (마태복음 24:35)

For, "All men are like grass, and all their glory is like the flowers of the field; <u>the grass withers and the flowers fall,</u>
but <u>the word of the Lord stands forever."</u> And this is the word that was preached to you. (1 peter 1:24~25)

그러므로 모든 육체는 풀과 같고 그 모든 영광은 풀의 꽃과 같으니 풀은 마르고 꽃은 떨어지되
오직 주의 말씀은 세세토록 있도다 하였으니 너희에게 전한 복음이 곧 이 말씀이니라
(베드로전서 1:24~25)

(Isaiah 43:2) **sweep** (빗자루 등으로) 쓸다, 휩쓸다
　　　　　　ablaze 화염에 싸여서, 타오르는
(Job 23:10) **forth**(= forward) 앞으로, 밖으로
(proverbs 3:5) **lean on** ~ ~에 의지하다, 기대다
(Matthew 24:35) **pass away** 사망하다, 사라지다
(Isaiah 40:8, 1 peter 1:24) **wither** 시들다, 쇠약해지다, 시들게 하다, 쇠약해지게 하다
(1 peter 1:25) **preach** 전도하다, 설교하다

🔊 성경 말씀(REMIND)

앞서 배운 성경말씀을 소리 내어 읽어보고 해석해 보세요!!

<u>When you pass through the waters, I will be with you</u>; and when you pass through the rivers, they will not sweep over you. When you walk through the fire, you will not be burned; the flames will not set you ablaze (Isaiah 43:2)

"Forget the former things; do not dwell on the past.
<u>See, I am doing a new thing!</u> Now it springs up; do you not perceive it? <u>I am making a way in the desert and streams in the wasteland.</u> (Isaiah 43:18~19)

Can a mother forget the baby at her breast and have no compassion on the child she has borne? Though she may forget, I will not forget you!
See, <u>I have engraved you on the palms of my hands</u>; your walls are ever before me (Isaiah 49:15~16)

I know, O LORD, that a man's life is not his own; it is not for man to direct his steps. (Jeremiah 10:23)

Show me your ways, O LORD, teach me your paths;
guide me in your truth and teach me, for you are God my Savior, and my hope is in you all day long. (Psalms 25:4~5)

But he knows the way that I take; when he has tested me, I will come forth as gold. (Job 23:10)

Trust in the LORD with all your heart and lean not on your own understanding; <u>in all your ways acknowledge him, and he will make your paths straight.</u> (proverbs 3:5~6)

<u>The LORD himself goes before you and will be with you</u>; he will never leave you nor forsake you. Do not be afraid; do not be discouraged." (Deuteronomy 31:8)

The grass withers and the flowers fall, but the word of our God stands forever. (Isaiah 40:8)

Heaven and earth will pass away, but my words will never pass away. (Matthew 24:35)

For, "All men are like grass, and all their glory is like the flowers of the field; <u>the grass withers and the flowers fall</u>,
but <u>the word of the Lord stands forever</u>." And this is the word that was preached to you. (1 peter 1:24~25)

Puzzle 3

' GOD WILL MAKE A WAY ' 에서 배웠던 단어들로 퍼즐(puzzle)을 완성해 봅시다!

Across_가로

- ❷ 인도자, Travel ________
- ❹ 땅, 지구
- ❼ 어제
- ❽ 힘, 형용사는 strong
- ❿ 오늘
- ⓫ 병, 술병
  Don't put new wine into old ______
- ⓬ 새로운 ↔ old

Down_세로

- ❶ 이끄는 사람, 지도자
- ❸ 사막
- ❺ 길 (= road, path)
- ❻ 일, 일하다
- ❾ 하늘, 천국

정답은 책의 뒤편에서 확인하세요

4st God is the strength of my heart *

Whom have I in heav-en but You There is
noth-ing on earth I de-sire be-sides You;
My heart and my strength, man-y times they fail,
but there is one truth that al-ways will pre-vail. God is the strngth
of my heart, God is the strength of my heart,
God is the strength of my heart, and my por-ion for-
ev - - - - er. God is the strength for-ev - er.

◇ QR코드를 스캔하여 유튜브로 들어보세요!!

◇ 유튜브(www.youtube.com) 검색창에 아래와 같이 입력하고
돋보기를 클릭해도 됩니다.

God is the strength of my heart don moen   🔍

＊ <하늘 위에 주님 밖에>
O.T. : God Is The Strength Of My Heart (Life) / O.W. : Eugene Greco
O.P. : Integrity's Hosanna! Music / S.P. : Universal Music Publishing Korea, CAIOS
Adm. : Capitol CMG Publishing / All rights reserved. Used by permission.

(refrain) God is the strength of my heart
God is the strength of my heart
God is the strength of my heart
and my portion forever, forever

refrain

Whom have I in heaven but You
There is nothing on earth I desire besides You
My heart and my strength
many times they fail
But there is one truth
that always will prevail

refrain × 7

Forever, forever

 ## 노래 알아보기

 이곡은 'purify my heart'로 유명한 예배 인도자인 유진 그레코(Eugene Greco)가 작곡한 곡입니다. 1993년 호산나 뮤직(Hosanna Music)에서 발표된 앨범인 "Praise & Worship - Mighty God"에 수록되었으며, 돈 모엔(Don Moen) 목사님이 미국 버지니아주에 있는 유명한 신학대학인 리버티 대학(Liberty University)에서 7,000명의 찬양단과 함께 녹음하여 1998년 발표한 앨범인 'God is Good'에도 수록되어 있습니다. 한국에서는 '하늘위에 주님밖에'라는 이름으로 번안되어 여러 찬양그룹에 의해 불리고 있습니다. 우리나라 찬양그룹인 마커스(MARKERS)와 제이어스(J-US)가 부른 이 찬양을 들어보면 영어버전처럼 역시 주님의 힘과 능력을 느껴집니다.

♪ 노래 배우기

God / is / the strength / of my heart
하나님(은) / 이다 / 힘 / 나의 마음의

God 하나님
strength 힘 ▶ strong 힘센 ↔ weak 약한
heart 마음, 심장, 가슴

and / my portion / forever, forever
그리고 / 나의 분깃(몫) / 영원히, 영원히

my 나의
portion (분배받은, 할당된) 몫, 분깃, 부분, 운명
forever 영원히

Whom have I / in heaven / but You
누군가를 내가 가지고 있는가 / 하늘에서 / 당신(하나님) 외에는

whom 누군가, 누군가를, who를 목적어(~를) 자리에 쓸 때 사용하는 말
heaven 하늘, 천국 ↔ earth 땅, 지구
　▶ 속담 Heaven helps those who help themselves 하늘은 스스로 돕는 자들을 돕는다
but 일반적으로 '그러나'라는 의미로 쓰이나, '제외하고'라는 의미로도 많이 사용되며 여기서는
'제외하고(except)'라는 의미입니다.
　▶ but You = except You 당신을 제외하고는, 하나님 외에는

There is nothing / on earth / I desire / besides You
아무것도 없다 / 세상에서 / 내가 바라는 / 당신 외에는
세상에서 내가 바라는 것은 아무것도 없다 / 당신 외에는

There is ~ ~가 있다
nothing 아무것도 아닌 것 ↔ something 중요한 것
on ~ 위에 ▶ on the table 탁자 위에
desire 간절히 원하다, 간절한 바램, 열망, 동경 > want 원하다, 바라는 것
nothing I desire 내가 바라는 아무것 아닌 것
besides (부정문 또는 의문문에서) ~외에는, ~을 제외하고는

▷ besides You = except You = but You 당신을 제외하고는, 하나님 외에는
▷ No one besides him knows the truth 그 외에는 진실을 아는 사람이 없다

My heart / and / my strength / many times / they fail
나의 마음 / 그리고 / 나의 힘(은) / 여러 번 / 그들(은) 실패한다

heart 마음, 심장, 가슴 ▷ He has a kind heart 그는 친절한 마음을 가지고 있다
strength 힘 / strong 힘센
many 많은, 여러
times 때, 시간, 세월
　▷ 속담 A stitch in time saves nine 적당한 때 한 땀이 아홉 땀의 수고를 덜어준다(= There is a time for everything)
　▷ 속담 Time files like an arrow 세월은 화살과 같이 날아간다
they 그들, 여기서는 'My heart and my strength'
fail 실패하다 ↔ succeed 성공하다 ▷ failure 실패 ↔ success 성공

But / there is / one truth / that always will prevail
그러나 / 있다 / 하나의 진실 / 항상 승리하는

truth 진실, 진리 ↔ falsehood 거짓
　▷ true 진짜인, 사실인 ↔ false 가짜인, 거짓된
always 항상 = all the way
will ~ 할 것이다
prevail 우세하다, 압도하다, 승리하다, 널리 퍼지다
　▷ prevail against(over) Satan 사탄을 압도하다, 사탄에게 승리하다
　▷ 'that always prevail'은 'one truth' 뒤에서 'one truth'를 꾸며줍니다
　▷ one truth that always will prevail = 항상 승리하는 하나의 진실
　▷ 속담 Truth will prevail 진리는 승리한다

📖 Mini 문법 (관계대명사)

이 곡에 나온 'There is one truth that always will prevail'이라는 가사는 'There is one truth'와 'One truth always will prevail'이 합쳐진 문장입니다.

여기서 'that'과 같이 두 개의 문장을 연결해주며 접속사와 대명사의 역할을 동시에 하는 대명사를 '관계대명사'라 합니다. 아래에서 여러 가지 관계 대명사를 예문과 해석으로 알아봅시다.

관계 대명사	예문	사용되는 경우
who	This is the man **who** runs fast 이분이 그 남자이다 **그런데 그는** 빨리 달린다	사람을 말하는 명사 뒤에서 설명해 줄 때, 주어로
whom	This is the man **whom** I found yesterday 이분이 그 남자이다 **그런데 그를** 내가 어제 발견했다	사람을 말하는 명사 뒤에서 설명해 줄 때, 목적어로
which	This is the lion **which** runs fast 이것이 그 사자이다 **그런데 그것은** 빨리 달린다 This is the train **which** runs fast 이것이 그 기차다 **그런데 그것은** 빨리 달린다 This is the lion **which** I found yesterday 이것이 그 사자이다 **그런데 그것을** 내가 어제 찾아냈다 This is the train **which** I found yesterday 이것이 그 기차이다 **그런데 그것을** 내가 어제 찾아냈다	동물 또는 사물을 나타내는 명사 뒤에서 설명해 줄 때, 주어 또는 목적어로
that	This is the best lion **that** runs fast 이것이 가장 최고의 사자이다 **그런데 그것은** 빨리 달린다 This is the only man **that** I found yesterday 이분이 유일한 남자이다 **그런데 그를** 내가 어제 발견했다 This is everything **that** I found yesterday 이것이 모든 것이다 **그런데 그것은** 내가 어제 발견했다	사람, 동물, 사물을 나타내는 명사 뒤에서, 최상급 또는 the only로 수식되 는 명사, ~thing으로 끝나는 명사 뒤에서, 주어 또는 목적어로
what	This is **what** I found yesterday 이것이 내가 어제 찾아낸 **것** 이다	명사를 포함하여 뒤에서 설명해 줄 때 (~하는 것=the thing which)
whose	his is the man **whose** color is brown 이분이 그 남자이다 **그런데 그의** 색은 갈색이다 This is the lion **whose** color is brown 이것이 그 사자이다 **그런데 그것의** 색은 갈색이다 This is the train **whose** color is brown 이것이 그 기차이다 **그런데 그것의** 색은 갈색이다	사람, 동물, 사물을 나타내는 명사 뒤에서 설명해 줄 때, 소유격으로

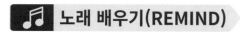

🎵 노래 배우기(REMIND)

아래와 같이 앞서 배웠던 단어나 문구의 뜻을 말해보고 각자 문장을 만들어 보세요!!

(Refrain) God is the strength of my heart

God _하나님_
strength _힘_ / **strong** _힘쎈_ ↔ **weak** _약한_
heart _마음, 심장, 가슴_

and my portion forever, forever

my
portion
forever

Whom have I in heaven but You

whom
heaven _____ ↔ **earth**
▶ 속담 Heaven helps those who help
but _____ / **but You** = _____ **You**

There is nothing on earth I desire besides You

There is
nothing _____ ↔ **something**
on ~ _____ / **on the table**
desire _____ > **want**
beside You

My heart and my strength

heart _____ / He has a kind heart
strength _____ / **strong**

many times they fail

many

time _____

▶ 속담 A stitch in times _____ nine

▶ 속담 Time _____ like an arrow _____

fail _____ ↔ **succeed**

▶ failure _____ ↔ _____

But there is one truth

truth _____ ↔ _____

▶ true _____ ↔ false _____

that always will prevail

always (= all the way) _____

will ~ _____

prevail _____ / **prevail against** (_____) **Satan**

▶ prevail against bad habits _____

▶ 속담 Truth will prevail _____

📖 Mini 문법(REMIND)

알맞은 관계대명사를 괄호 안에 넣어 보세요.

This is the man (　　) runs fast
이분이 그 남자이다 **그런데 그는** 빨리 달린다

This is the man (　　) I found yesterday
이분이 그 남자이다 **그런데 그를** 내가 어제 발견했다

This is the lion (　　) runs fast
이것이 그 사자이다 **그런데 그것은** 빨리 달린다

This is the lion (　　) I found yesterday
이것이 그 사자이다 **그런데 그것을** 내가 어제 찾아냈다

This is the best lion (　　) runs fast
이것이 가장 최고의 사자이다 **그런데 그것은** 빨리 달린다

This is the only man (　　) I found yesterday
이분이 유일한 남자이다 **그런데 그를** 내가 어제 발견했다

This is everything (　　) I found yesterday
이것이 모든 것이다 **그런데 그것은** 내가 어제 발견했다

This is the lion (　　) color is brown
이것이 그 사자이다 **그런데 그것의** 색은 갈색이다

⚙ 영한번역

(Refrain)	(후렴)
God is the strength of my heart	하나님은 나의 마음의 힘입니다
God is the strength of my heart	하나님은 나의 마음의 힘입니다
God is the strength of my heart	하나님은 나의 마음의 힘입니다
and my portion forever, forever	그리고 나의 분깃(몫)입니다 영원히, 영원히
refrain	후렴
Whom have I in heaven but You	하늘에서 당신(하나님) 외에 누가 나에게 있습니까
There is nothing on earth I desire besides You	당신 외에는 내가 세상에서 간절히 원하는 것은 아무것도 없습니다.
My heart and my strength	나의 마음 그리고 나의 힘
many times they fail	그들은 자주 실패합니다.
But there is one truth that always will prevail	그러나 항상 승리하는 하나의 진리가 있습니다
refrain × 7	후렴 × 7
Forever, forever	영원히, 영원히

※ 상기 번역은 영어공부를 위한 해석(직역)이며 공인된 한글 번역곡(가사)은 아님을 알려드립니다.

✝ 성경말씀

앞서 배운 영어찬양과 관련된 성경말씀을 알아봅시다!!

The LORD is my strength and my song; he has become my salvation. He is my God, and I will praise him, my father's God, and I will exalt him. (Exodus 15:2)

여호와는 나의 힘이요 노래시며 나의 구원이시로다 그는 나의 하나님이시니 내가 그를 찬송할 것이요 내 아버지의 하나님이시니 내가 그를 높이리로다. (출애굽기 15:2)

Look to the LORD and his strength; seek his face always. (1 Chronicles 16:11)

여호와와 그의 능력을 구할지어다 항상 그의 얼굴을 찾을지어다. (연대기상 16:11)

He gives power to the weak and strength to the powerless.
Even youths will become weak and tired, and young men will fall in exhaustion.
But those who trust in the Lord will find new strength.
They will soar high on wings like eagles.
They will run and not grow weary.
They will walk and not faint. (Isaiah 40:29-31, NLT)

피곤한 자에게는 능력을 주시며 무능한 자에게는 힘을 더하시나니
소년이라도 피곤하며 곤비하며 장정이라도 넘어지며 쓰러지되
오직 여호와를 앙망하는 자는 새 힘을 얻으리니 독수리 날개치며 올라감 같을 것이요 달음박질 하여도 곤비치 아니하겠고 걸어가도 피곤치 아니하리로다 (이사야 40장31절)

So do not fear, for I am with you; do not be dismayed, for I am your God. I will strengthen you and help you; I will uphold you with my righteous right hand. (Isaiah 41:10)

두려워 말라 내가 너와 함께 함이니라 놀라지 마라 나는 네 하나님이 됨이니라 내가 너를 굳세게 하리라 참으로 너를 도와 주리라 참으로 나의 의로운 오른손으로 너를 붙들리라. (이사야 41장10절)

The LORD is my strength and my shield; my heart trusts in him, and he helps me. My heart leaps for joy, and with my song I praise him. (Psalm 28:7)

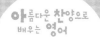

여호와는 나의 힘과 나의 방패이시니 내 마음이 그를 의지하여 도움을 얻었도다 그러므로 내 마음이 크게 기뻐하며 내 노래로 그를 찬송하리로다 (시편 28:7)

For who is God besides the LORD? And who is the Rock except our God?
It is God who arms me with strength and makes my way perfect. (Psalm 18:31~32)

여호와 외에 누가 하나님이며 우리 하나님 외에 누가 반석이냐
이 하나님이 힘으로 내게 띠 띠우시며 내 길을 완전하게 하시며 (시편 18:31~32)

Whom have I in heaven but you? And there is nothing on earth that I desire besides you. (Psalm 73:25, ESV)

하늘에서는 주 외에 누가 내게 있으리요 땅에서는 주 밖에 내가 사모할 이 없나이다 (시편 73:25)

My flesh and my heart may fail, but God is the strength of my heart and my portion forever. (Psalm 73:26)

내 육체와 마음은 쇠잔하나 하나님은 내 마음의 반석이시요 영원한 분깃이라 (시편 73:26)

I can do all this through him who gives me strength. (Philippians 4:13)

내게 능력(힘) 주시는 자 안에서 내가 모든 것을 할 수 있느니라 (빌립보서 4:13)

(Isaiah 40:31) **soar** 높이 날아오르다, 급상승하다
　　　　　　　 faint 약한(=weak), 어렴풋한, 희미한
(Isaiah 41:10) **dismay** 당황하다, 낙담하다, 실망하다
(Psalm 18:32) **arm** A **with** B A를 B로 무장시키다

🔊 성경 말씀(REMIND)

앞서 배운 성경말씀을 소리 내어 읽어보고 해석해 보세요!!

The LORD is my strength and my song; he has become my salvation. He is my God, and I will praise him, my father's God, and I will exalt him. (Exodus 15:2))

Look to the LORD and his strength; seek his face always. (1 Chronicles 16:11)

but those who hope in the LORD will renew their strength. They will soar on wings like eagles; they will run and not grow weary, they will walk and not be faint. (Isaiah 40:31)

So do not fear, for I am with you; do not be dismayed, for I am your God. I will strengthen you and help you; I will uphold you with my righteous right hand. (Isaiah 41:10)

The LORD is my strength and my shield; my heart trusts in him, and he helps me. My heart leaps for joy, and with my song I praise him. (Psalm 28:7)

For who is God besides the LORD? And who is the Rock except our God?
It is God who arms me with strength and makes my way perfect. (Psalm 18:31~32)

Whom have I in heaven but you? And there is nothing on earth that I desire besides you. (Psalm 73:25, ESV)

My flesh and my heart may fail, but God is the strength of my heart and my portion forever. (Psalm 73:26)

I can do all this through him who gives me strength. (Philippians 4:13)

Puzzle

' GOD IS THE STRENGTH OF MY HEART ' 에서 배웠던 단어들로 퍼즐(puzzle)을 완성해 봅시다!

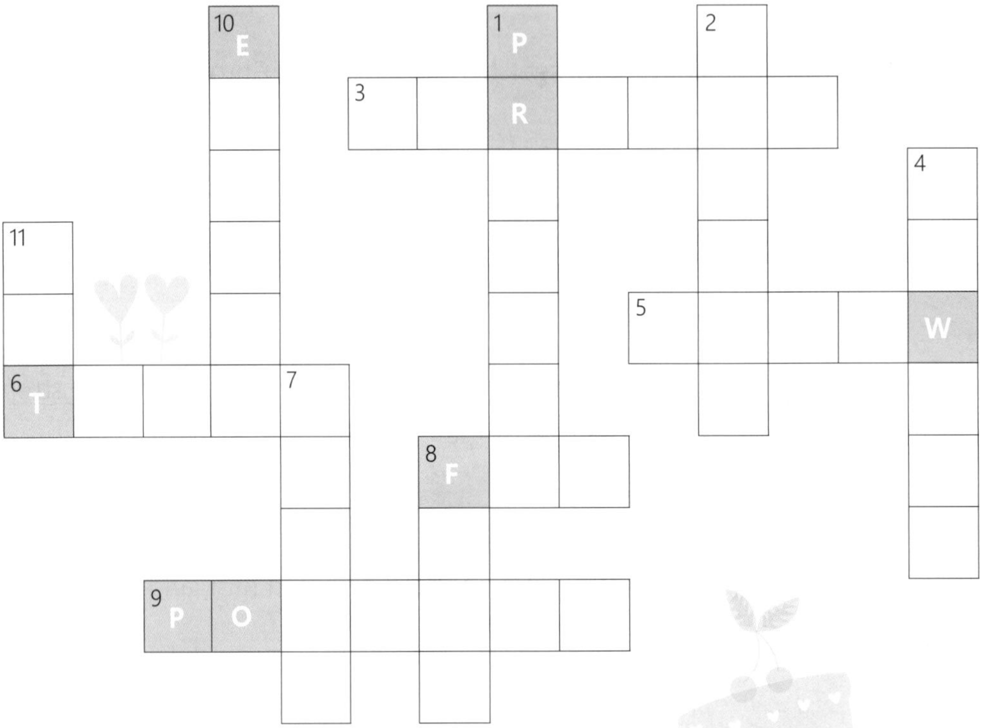

		10 E			1 P		2		

(crossword grid)

- 10 E
- 1 P
- 2
- 3 (across)
- R
- 4
- 11
- 5
- W
- 6 T 7
- 8 F
- 9 P O

Across_가로

- **3** 영원히
- **5** 화살
- **6** 진리, 진실 ↔ falsehood 거짓
- **8** 날아가다, 파리
- **9** (분배받은) 몫, 분깃, 부분, 물약

Down_세로

- **1** 우세하다, 승리하다, 널리퍼지다
  Truth will _____
- **2** 정말로(간절히) 원하다 > want
- **4** 항상 (= all the way)
- **7** 마음, 심장, 가슴
- **8** 실패하다 ↔ succeed 성공하다
- **10** 제외하고(= basides)
- **11** 그러나

정답은 책의 뒤편에서 확인하세요

MEMO

If I come to Jesus

If I come to Je - sus, He will make me glad;
If I come to Je - sus, He will hear my prayer;
If I come to Je - sus, He will take my hand;

He will give me pleas - ure When my heart is sad.
He will love me dear - ly; He my sins did bear.
He will kind - ly lead me To a bet - ter land.

If I come to Je - sus, Hap - py I shall be;

He is gen - tly call - ing Lit - tle ones like me.

◇ QR코드를 스캔하여 유튜브로 들어보세요!!

◇ 유튜브(www.youtube.com) 검색창에 아래와 같이 입력하고
돋보기를 클릭해도 됩니다.

if I come to Jesus 🔍

If I come to Jesus,
He will make me glad;
He will give me pleasure
When my heart is sad

(refrain) If I come to Jesus,
Happy I shall be
He is gently calling
Little ones like me

If I come to Jesus
He will hear my prayer;
He will love me dearly,
He my sins did bear

refrain

If I come to Jesus
He will take my hand
He will kindly lead me
To a better land

refrain

🎤 **노래 알아보기**

 이곡은 평생을 시각장애인으로 살면서도 8,000편이 넘는 찬송시를 쓴 페니 크로스비(Fanny Crosby, 1820-1915) 여사의 찬송시를 바탕으로, 평생 2,000곡이 넘는 찬양곡을 작곡한 성공한 크리스쳔 사업가이자 주일학교 음악 단장이었던 윌리엄 하워드 돈(William Howard Doane, 1832-1915)이 작곡한 찬송입니다. 이곡은 새찬송가 565장, '예수께로 가면'으로도 널리 알려져 있고 주일학교에서도 많이 부르고 있는 곡이기도 합니다.

윌리엄 하워드 돈은 목재산업에서 70여개가 넘는 특허를 가지고 있었고 제조업, 광산 등 다양한 분야의 사업에서 성공을 거두었으며, 사업적 성공으로 축적한 많은 재산을 YMCA, Moody Bible Institute, Cincinnati Art Museum, 미국 오하이오주의 데니슨 대학(Denison Univiersity)등에 기부하기도 하였습니다.

윌리엄 하워드 돈은 작곡으로는 뛰어난 소질이 있었지만 스스로 작사를 하여 작곡을 하려는 시도가 잘 되지 않아 고민하던 중 다음과 같은 편지를 받았다고 합니다.

Mr. Doane, I have never met you, but I feel impelled to send you this Hymm, May God Bless it. Fenny Crosby.

Doane씨, 나는 당신을 만난적이 없습니다, 그러나 나는 당신에게 이 찬송시를 보내고 싶은 마음을 느끼고 있습니다. 하나님의 축복이 있기를, 페니 크로스비

윌리엄은 매우 감동받아 페니가 보내준 찬송시(Hymm)로 바로 작곡을 시작하였고 페니의 주소를 찾기 위해 수소문하던 끝에 그녀가 뉴욕의 88 Varick Street에 살고 있다는 것을 알아내고 찾아가게 됩니다. 윌리엄은 너무나도 초라한 페니의 숙소에 놀랐고 페니가 앞을 볼 수 없는 사람이라는 것에 다시 한번 놀랐다고 합니다. 윌리엄과 페니는 그 만남으로부터 40여 년간 친교를 나누면서 페니의 많은 찬송시를 받아 윌리엄이 작곡하는 공동작업을 하였습니다.

윌리엄 하워드 돈은 전문적인 기독교 사역자나 전업 음악가가 아닌 사업가였고 주일학교에서 많은 헌신을 하였기 때문에 많은 사람들에게 더욱 친숙한 Gospel song을 작곡할 수 있었다고 평가되고 있습니다. 이곡 'If I come to Jesus' 또한 우리나라에서는 '예수께로 가면 나는 기뻐요 ~ 걱정 근심 없고~'로 시작하는 '예수께로 가면'이라는 노래로 번안되어 우리나라 교회 주일 학교에서 많이 불려지고 있습니다.

이곡의 가사를 쓴 페니 크로스비는 8살 때부터 작곡을 했다 합니다. 페니는 꽃을 모아 향기를 맡을 때 무언가 시적인 것을 말하고 싶었고, 새들의 노래소리를 들을 때도 그들의 선율(note)을 이해하고자 했으며, 그녀의 할머니와 시냇가를 산책할 때는 시내(rivulet)와 강(river)에 대한 이야기를 하고 싶음을 영혼에서 느꼈다고 합니다. 그런데 15살 때부터 다니기 시작한 뉴욕의 맹인학교의 선생님들은 그녀가 시를 쓰는 것에 대해 격려해주지 않았고 시보다는 좀 더 유용한 지식으로 그녀의 정신을 채울 것을 권하면서 자주 그녀의 시작품(poetry work)을 치워버리곤 해서 그녀는 마음 아파했다고 합니다. 그러던 어느 날 그 당시 두개골 연구로 저명한 조지 콤(George Combe)이라는 의사가 그녀가 다니던 맹인학교를 방문했고 그는 페니의 머리에 손을 얹고 이렇게 말했습니다.

Why! Here is a poet! Give her every advantage that she can have; Read the best books and converse with the best writers, and she will make her mark in the world

아니 이런 ! 여기에 시인이 있다니! 그녀에게 그녀가 가질 수 있는 모든 편의를 주시오; (그녀에게) 가장 좋은 책들과 최고의 작가들의 담화들을 읽어주시오, 그러면 그녀는 이 세상에서 그녀의 명성을 만들어 낼 것이오.

 닥터 콤의 방문이후에 맹인학교 선생님들은 그동안 그녀에게 금지해왔던 시 창작을 허락하였고, 닥터 콤의 이러한 격려는 페니의 영혼에 음악처럼 다가왔고, 평생을 찬송시 작사(hymm writing)에 헌신하고 싶었던 그녀에게 큰 격려가 되었다고 합니다.

 크로스비 여사는 평생을 시각장애로 살았지만, 세상의 아름다움과 재미에 마음이 흔들리지 않고 하나님을 찬양하는 것에 더욱 집중할 수 있음에 감사하며 일생을 기쁨과 성령 충만함으로 살았습니다. 뉴욕에서 생애의 많은 시간을 살았던 크로스비 여사는 그 당시 일자리를 찾아 뉴욕으로 왔던 가난한 많은 사람들을 돕는데 많은 시간과 물질을 헌신하였고 그녀가 95세를 사는 동안 열정적으로 쓴 8,000여 편의 찬송시를 통하여 고아, 과부, 맹인, 대통령 등을 포함한 각계각층의 사람들이 하나님의 사랑과 위로를 받았으며, 그녀의 찬송시는 많은 작곡가들에 의해 유명한 찬송가로 작곡되어 지금까지도 불리고 있습니다.

젊은 시절 크로스비 여사의 사진

노년시절 대중에게 강의하고
있는 크로스비 여사

♪ **노래 배우기**

If I come / to Jesus,
만약 내가 나아 간다면 / 예수님께로

If 만약 ~ 라면, 만일 ~ 이면 ↔ **unless** 만약 ~ 하지 않으면
come to ~ ~에게 (나아)가다

He / will make / me / glad
그는 / 만드실 것이다 / 나를 / 기쁘게

make 만들다
glad 기쁜, 반가운 ▶ (I'm) glad to meet you 만나서 기뻐(반가워)

He / will give / me / pleasure
그는 / 주실 것이다 / 나(에게) / 기쁨을

give 주다 ▶ give thanks 감사드리자
pleasure 기쁨(=joy)
▶ It's my pleasure 기꺼이 해드리죠(그렇게 하는 것은 나의 기쁨입니다)

When my heart is sad
나의 마음이 슬플 때

When ~할 때
heart 마음, 가슴, 심장
sad 슬픈 ↔ **happy** 기쁜

Happy I shall be = I shall be happy
나는 기쁠 것이다

happy 즐거운 ↔ **sad** 슬픈
shall ~하게 될 것이다(예언)
▶ Ask, and it shall be given to you 구하라, 그러면 너에게 주어질 것이다
▶ 속담 As you sow, so shall you reap 뿌린 대로 거둘 것이다

He is gently calling
그는 부드럽게 부르고 있다

gently 부드럽게(온화하게) ▶ gentle 부드러운(온화한) ▶ gentleman 신사
calling 부르고 있는, 소명, 직업 ▶ call 부르다

Little ones / like me
작은 이들 / 나와 같은

little 작은 ↔ big 큰
one 존재, 사람
like ~처럼, ~와 같이, 좋아하다 ▶ like me 나처럼

He / will hear / my prayer
그는 / 들으실 것이다 / 나의 기도(를)

hear 듣다(hear-heard-heard)
prayer 기도 ▶ pray 기도하다

He / will love / me / dearly
그는 / 사랑해 주실 것이다 / 나를 / 애정으로(매우)

love 사랑하다 > like 좋아하다
dearly 애정으로, 대단히, 매우, 비싼 대가를 치르고 ▶ dear 사랑하는, 소중한

He my sins did bear
= He / did bear / my sins
그는 / 정말로 떠맡으셨습니다 / 나의 죄들(을)

He my sins did bear는 목적어(my sins)와 동사(did bear)가 도치된 문장입니다
sin 죄, 죄악, 잘못 ▶ sinful 죄가 되는, 나쁜 ▶ transgression 종교적 죄, 위반
bear 떠맡다, (의무나 책임을)지다, 참아내다, (명사로는) 곰
▶ I can't bear the repeated sin 나는 반복되는 죄를 떠맡을 수(참을 수) 없다
did bear 정말로 떠맡다, do를 동사 앞에 쓰면 동사를 강조하는 의미의 조동사가 되는데 여기
서는 과거이므로 did를 썼습니다

He / will take / my hand,
그는 / 잡아주실 것입니다 / 나의 손(을)

take (물건을)가지고 가다, (사람이나 동물을)데리고 가다 (take-took-taken)
hand 손, 도움 ▶ handful 한줌 ▶ handy 편리한, 손재주가 있는

He / will kindly lead   / me
그는 / 친절하게도 이끌어 주실 것입니다 / 나를

kindly 친절하게도 ▶ kind 친절한
lead 이끌다(lead-led-led) ▶ leader 인도자, 지도자

To a better land
더 좋은 나라로

to+장소 장소로
better 더 좋은 ▶ good < better < the best
　▶ 속담 Better late than never 늦는 것이 안 하는 것보다는 낫다
　▶ 속담 Two hands are better than one. 두 개의 손이 한 개의 손 보다 낫다
land 땅, 나라, 영토 ▶ land of promise 약속의 땅

📖 **Mini 문법 (조동사)**

시제(과거, 현재, 미래)와 문장 형태(기본, 진행, 완료, 완료진행)에 맞게 문장을 만들어 봅시다.

조동사는 일반 동사 앞에 위치하여 일반 동사의 의미를 도와주는 역할을 합니다. 조동사 뒤에는 동사의 원형이 옵니다. 예를 들어 'come(오다)' 앞에 조동사인 'will(~하려한다)'을 넣어 문장을 만들어 보면 다음과 같습니다.

평서문	He **will** come	그는 올 것이다
부정문	He **will not** come = He won't come	나는 오지 않을 것이다
의문문	**Will** he come?	그가 올까?

조동사들은 추측, 의지 등을 표현하기 위해 많이 사용 되는데 다음과 같은 것이 있습니다.

must	~ 임에 틀림없다	It **must** be true (**확신**) 그것은 사실임에 틀림없다
	반드시 ~ 해야 한다	You **must**(have to) love one another (**강한 의무**) 너희들은 반드시 서로 사랑해야 한다
will	~ 일 것이다	There **will** be sunshine tomorrow (강한 추측) 내일은 햇빛이 있을 것이다
	~ 할 것이다	I **will** sing (의지) 나는 노래할 것이다
would	~ 일 것이다	There **would** be sunshine tomorrow (**추측**) 내일은 햇빛이 있을 것이다
	~ 할 것이다	if I were rich, I **would** buy the house (**의지**) 내가 부자라면, 나는 그 집을 살 것이다
	~ 하곤 했었다	She **would** go to the hill (**과거 습관**) 그녀는 그 언덕에 가곤 했었다
shall	~ 일 것이다	God **shall** give you a sign tomorrow (**예언**) 하나님이 내일 너에게 어떤 신호를 주실 것이다
	~ 해야 한다	You **shall** not steal (**법적 의무**) 너는 도둑질 하지 말아야 할 것이다
should	아마도 ~ 할 것이다	It **should** take an hour (**추측**) 그것은 아마 한시간 정도 걸릴 것이다
	당연히 ~ 해야 한다	You **should**(ought to) be honest (**도덕적 의무**) 너는 정직해야 한다
can	~ 일 것이다	It **can** be true (**추측**) 그것은 사실일 것이다
	~ 할 수 있다	You **can** attend my class (**허락**) 당신은 나의 수업을 들을 수 있다 He **can** lift the stone (**가능**) 그는 그 돌을 들어 올릴 수 있다
might	어쩌면 ~일지도 모른다	It **might** be true (**약한 추측**) 그것은 어쩌면 사실일지도 모른다
dare not	감히 ~ 하지 못한다	I **dare not** boast about anything except what Christ has done through me 나는 감히 아무것도 자랑하지 못한다 예수님이 나를 통해 행하신 것 외에는
need not	~ 할 필요가 없다	You **need not** walk alone 당신은 혼자 걸을 필요가 없다
do	정말로 ~ 하다	I **do** love you 나는 정말로 너를 사랑한다

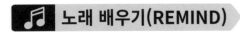

노래 배우기(REMIND)

아래와 같이 앞서 배웠던 단어나 문구의 뜻을 말해보고 각자 문장을 만들어 보세요!!

If I come to Jesus,

If _만약 ~ 라면, 만일 ~ 이면_ ↔ **unless** _만약 ~ 하지 않으면_
come to ~ _~ 에게 (나아)가다_

He will make me glad

make
glad ▶ (I'm) glad to meet you

He will give me pleasure

give ▶ give thanks
pleasure(=joy)
▶ It's my pleasure

When my heart is sad

When
heart
sad ↔ **happy**

Happy I shall be

Happy I shall be = I shall be
happy ↔ **sad**
shall
▶ _____, and it shall be given to you
▶ 속담 As you sow, so shall you

He is gently calling

gently ▶ gentle ▶ gentleman
calling ▶ call

Little ones like me

little _____ ↔ **big** _____ ▶ little one _____
like _____ ▶ like me _____

He will hear my prayer

hear _____ (**hear** - _____ - _____)
prayer _____ ▶ pray _____

He will love me dearly

love _____ > **like** _____
dearly _____ ▶ dear _____

He my sins did bear

He my sins did bear (= **He did bear** _____)
sin _____ ▶ dear _____
bear _____ ▶ I can't bear the repeated sin _____
did bear _____

He will take my hand,

take _____ (**take** - **took** - _____)
hand _____ ▶ handful _____ ▶ handy _____

He will kindly lead me

kindly _____ ▶ kind _____
lead _____ (**lead** - _____ - **led**) ▶ leader _____

To a better land

better _____ ▶ good < _____ < the best
▶ 속담 Better _____ than never
▶ 속담 Two hands are better _____ one
land _____ ▶ land of promise _____

📖 Mini 문법(remind)

해석에 맞는 조동사들은 괄호 안에 써봅시다

It (   ) be true (확신) 그것은 사실임에 틀림없다

You (   ) love one another (강한 의무) 너희들은 반드시 서로 사랑해야 한다

There (   ) be sunshine tomorrow (강한 추측) 내일은 햇빛이 있을 것이다

I (   ) sing (의지) 나는 노래할 것이다

There (   ) be sunshine tomorrow (추측) 내일은 햇빛이 있을 것이다

---

if I were rich, I (   ) buy the house
(의지) 내가 부자라면, 나는 그 집을 살 것이다

She (   ) go to the hill (과거 습관) 그녀는 그 언덕에 가곤 했었다

God (   ) give you a sign tomorrow
(예언) 하나님이 내일 너에게 어떤 신호를 주실 것이다

You (   ) not steal (법적 의무) 너는 도둑질 하지 말아야 할 것이다

It (   ) take an hour (추측) 그것은 아마 한시간 정도 걸릴 것이다

You (   ) be honest (도덕적 의무) 너는 정직해야 한다

It (   ) be true (추측) 그것은 사실일 것이다

You (   ) attend my class (허락) 당신은 나의 수업을 들을 수 있다

He (   ) lift the stone (가능) 그는 그 돌을 들어 올릴 수 있다

It (   ) be true (추측) 그것은 사실일지도 모른다

You (   ) have peace in me (허락) 너는 내안에서 평화를 가져도 좋다

It (   ) be true (약한 추측) 그것은 어쩌면 사실일지도 모른다

I (   ) boast about anything except what Christ has done through me
나는 감히 아무것도 자랑하지 못한다 예수님이 나를 통해 행하신 것 외에는

You (   ) walk alone 당신은 혼자 걸을 필요가 없다

I (   ) love you 나는 정말로 너를 사랑한다

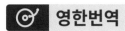 영한번역

If I come to Jesus,	내가 예수님께로 가면
He will make me glad;	그는 나를 기쁘게 해주실 것입니다
He will give me pleasure	그는 나에게 기쁨을 주실 것입니다
When my heart is sad	내 마음이 슬플 때
(refrain) If I come to Jesus,	(후렴) 내가 예수님께로 가면
Happy I shall be	나는 기쁠 것입니다
He is gently calling	그는 부드럽게 부르십니다
Little ones like me	나와 같은 어린이들을
If I come to Jesus	내가 예수님께 나가면
He will hear my prayer;	예수님은 나의 기도를 들으실 것입니다
He will love me dearly	예수님은 나를 매우 사랑해 주실 것입니다
He my sins did bear	예수님은 나의 죄들을 정말로
	맡아주셨습니다
refrain	후렴
If I come to Jesus	내가 예수님께 나가면
He will take my hand	예수님은 나의 손을 잡아주실 것입니다
He will kindly lead me	예수님은 나를 친절하게 이끌어 주십니다
To a better land	더 좋은 나라로
refrain	후렴

상기 번역은 영어공부를 위한 해석(직역)이며 공인된 한글 번역곡(가사)은 아님을 알려드립니다.

✠ 성경말씀

앞서 배운 영어찬양과 관련된 성경말씀을 알아봅시다!!

The LORD your God is with you, he is mighty to save. <u>He will take great delight in you, he will quiet you with his love, he will rejoice over you with singing.</u>" (Zephaniah 3:17)

너의 하나님 여호와가 너의 가운데에 계시니 그는 구원을 베푸실 전능자이시라 <u>그가 너로 말미암아 기쁨을 이기지 못하시며 너를 잠잠히 사랑하시며 너로 말미암아 즐거이 부르며 기뻐하시리라 하리라</u> (스바냐 3:17)

People were also bringing babies to Jesus to have him touch them. When the disciples saw this, they rebuked them.
But Jesus called the children to him and said, <u>"Let the little children come to me, and do not hinder them,</u> for the kingdom of God belongs to such as these. (Luke 18:15~16)

사람들이 예수께서 만져 주심을 바라고 자기 어린 아기를 데리고 오매 제자들이 보고 꾸짖거늘 예수께서 그 어린 아이들을 불러 가까이 하시고 이르시되 <u>어린 아이들이 내게 오는 것을 용납하고 금하지 말라</u> 하나님의 나라가 이런 자의 것이니라 (누가 18:15~16)

All that the Father gives me will come to me, and <u>whoever comes to me I will never drive away</u> (John 6:37)

아버지께서 내게 주시는 자는 다 내게로 올 것이요 내게 오는 자는 <u>내가 결코 내쫓지 아니하리라</u> (요한복음 6:37)

On the last and greatest day of the Feast, Jesus stood and said in a loud voice, <u>"If anyone is thirsty, let him come to me and drink</u>
Whoever believes in me, as the Scripture has said, streams of living water will flow from within him." (John 7:37-38)

명절 끝날 곧 큰 날에 예수께서 서서 외쳐 이르시되 <u>누구든지 목마르거든 내게로 와서 마시라</u>
나를 믿는 자는 성경에 이름과 같이 그 배에서 생수의 강이 흘러나오리라 하시니 (요한복음 7:37-38)

(Luke 18:16) **hinder** 방해하다, 늦게 하다
belong to ~ ~에 속하다
(John 7:38) **stream** 흐름, 조류, 시냇물

🔊 성경 말씀(REMIND)

앞서 배운 성경말씀을 소리 내어 읽어보고 해석해 보세요!!

The LORD your God is with you, he is mighty to save. He will take great delight in you, he will quiet you with his love, he will rejoice over you with singing." (Zephaniah 3:17)

People were also bringing babies to Jesus to have him touch them. When the disciples saw this, they rebuked them.
But Jesus called the children to him and said, "Let the little children come to me, and do not hinder them, for the kingdom of God belongs to such as these. (Luke 18:15~16)

All that the Father gives me will come to me, and whoever comes to me I will never drive away (John 6:37)

On the last and greatest day of the Feast, Jesus stood and said in a loud voice, "If anyone is thirsty, let him come to me and drink
Whoever believes in me, as the Scripture has said, streams of living water will flow from within him." (John 7:37-38)

Puzzle 5

'IF I COME TO JESUS' 에서 배웠던 단어들로 퍼즐(puzzle)을 완성해 봅시다!

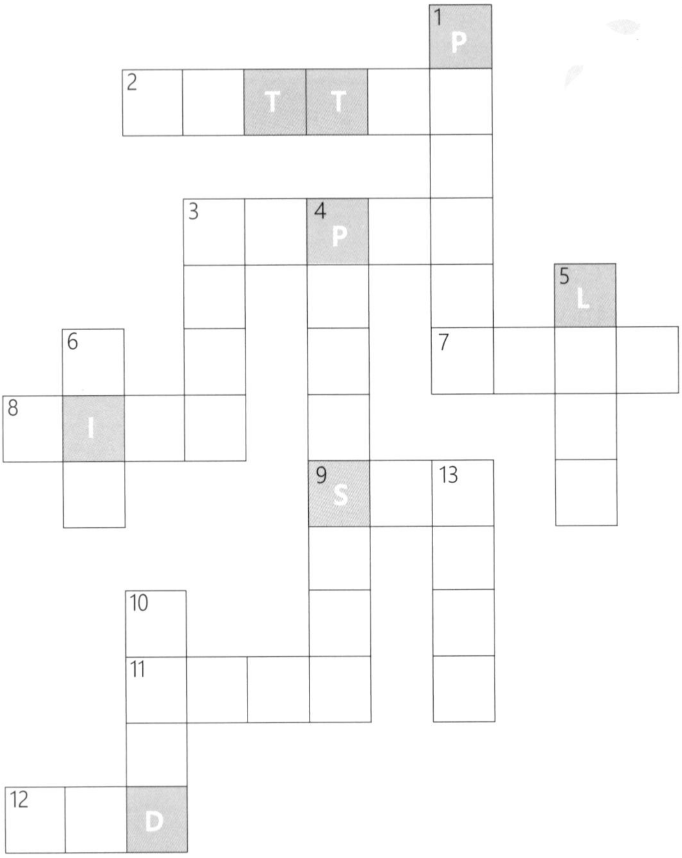

Across_가로

❷ 더 좋은 > good

❸ 기쁜

❼ 수확하다, 거둬들이다

❽ 친절한

❾ 씨뿌리다
You reap what you ________

⓫ 사랑, 사랑하다

⓬ 슬픈

Down_세로

❶ 기도, the Lord's ______ 주기도문

❸ 손, 도움

❹ 기쁜(=joy), It's my ________

❺ 육지, 땅

❻ 죄, 죄악, 잘못

❿ 기쁜, 반가운
(I'm) ______ to meet you

⓭ 언제, say ______ 됐으면 말해

정답은 책의 뒤편에서 확인하세요

MEMO

Standing on the Promise

Stand-ing on the prom-is-es of Christ, my King! Thro' e - ter-nal a - ges let His prais-es ring.
Stand-ing on the prom-is-es that can-not fail! When the howl-ing storms of doubt and fear as-sail,
Stand-ing on the prom-is-es I can-not fall, Lis-t'ning ev-er-y mo-ment to the Spir-it's call,

"Glo - ry in the high-est!" I will shout and sing. Stand-ing on the prom-is-es of God.
By the liv-ing Word of God I shall pre-vail, Stand-ing on the prom-is-es of God.
Rest-ing in my Sav-ior as my all in all, Stand-ing on the prom-is-es of God.

Stand - ing, stand - ing, Stand-ing on the prom-is - es of God, my Sav-ior;

Stand - ing, stand - ing, I'm stand-ing on the prom-is-es of God.

Standing on the promises of Christ my King,
Through eternal ages let His praises ring,
Glory in the highest, I will shout and sing,
Standing on the promises of God

(Refrain) Standing, standing,
Standing on the promises of God(or Christ) my Savior;
Standing, standing,
I'm standing on the promises of God

Standing on the promises that cannot fail,
When the howling storms of doubt and fear assail,
By the living Word of God I shall prevail,
Standing on the promises of God

Refrain

Standing on the promises I cannot fall,
Listening every moment to The Spirit's call,
Resting in my Savior As my all in all,
Standing on the promises of God

Refrain

Refrain

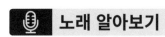 **노래 알아보기**

 우리나라에서는 '주의 약속하신 말씀 위에서'로 번역되어 불리고 있으며 찬송가 399장 이기도 한 이곡은 러셀 켈소 카터(Russell Kelso Carter, 1849 1928) 목사님이 로마서 4장 20, 21절을 바탕으로 작사·작곡 하였고 존 스웨니(John R. Sweney)와 카터 목사가 편집한 'Song of Perfect Love(완전한 사랑의 노래)'에 처음 수록되었습니다.

카터 목사는 미국 매릴랜드에서 태어나 펜실베니아주 사관학교를 수석 졸업하고 사관학교에서 토목공학과 공업수학을 가르치는 교수로 재직하던 중 이곡을 작곡하였고 이후에 목사로 안수를 받았습니다. 카터 목사는 수학, 과학 등 다양한 분야에 대해 연구하였는데 말년에는 의학을 공부하고 의사면허를 취득하였고 기도에 의한 치유경험을 바탕으로 믿음에 의한 질병의 치유에 관한 책을 저술하기도 하였습니다.

행진곡풍의 이곡을 들어보면 평소 활달한 성격으로 알려진 사관학교 교수 출신 카터 목사님의 구원에 대한 굳센 믿음이 느껴지는 것 같습니다.

이곡은 최근까지 여러 가지 버전으로 불리고 있는데 특히 미국 컨트리 가수인 앨런 잭슨(Alan Jackson)이 부른 이 찬송을 들어보면 컨트리 음악 특유의 흥겨움을 느낄 수 있고, CCM 그룹 셀라(Selah)가 부른 곡을 들어보면 재즈 특유의 율동감이 느껴집니다.

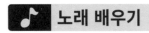 노래 배우기

Standing / on the promises / of Christ my King,
굳게 서서 / 약속위에 / 나의 왕 하나님의

standing 일어선, 일어서고 있는, 고정적인, 변하지 않는
▶ standing room 입석 ▶ standing ovation 기립박수
on ~ 위에
promise 약속 ▶ great and precious promise 크고 귀중한 약속
king 왕, 여기서는 대문자로 시작하므로 하나님으로 해석합니다

Through eternal ages / let / His praises ring,
영원 토록 / 하소서 / 그(하나님)의 찬송이 울려 퍼지도록

through (무엇을, 누구를)통해서, 겪으면서 ▶ I can do everything through Him who gives me **strength** 나에게 힘을 주시는 그(하나님) 안에서 내가 모든 것을 할 수 있다(빌립보서 4:13)
eternal 영원한 ▶ eternity 영원, 오랜 시간 ▶ eternal life 영생
age 나이, 시기
▶ Iron age 철기 시대 ▶ Bronze age 청동기 시대 ▶ Stone age 석기 시대
let ~ 하게 하다
▶ let me be the light of the world 내가 세상의 빛이 되게 하소서
praise 칭찬, 찬송, 칭찬하다, 찬송하다
ring (ring-rang-rung) (종이)울리다, 전화를 걸다, 명사로는 고리(모양의 것), 반지

Glory / in the highest, / I will shout and sing,
영광 / 가장 높은 곳에, / 나는 소리치며 노래하리

Glory 영광 ▶ glorious 영광스런 ▶ glorify 영광스럽게 하다
in ~ 안에 ↔ **out** ~ 밖에
the highest 가장 높은 ↔ **the lowest** 가장 낮은
I will [아이윌]이 아닌 [아일] 이라고 발음해야 노래가 부드럽게 넘어갑니다
shout 소리 지르다, 함성 ▶ shout for(with) joy 기뻐서 소리 지르다
sing 노래하다(sing-sang-sung), 노래

Standing / on the promises / of God my Savior;
굳게 서서 / 약속위에 / 나의 구세주 하나님의

savior 구세주, 구원자

Standing / on the promises / that cannot fail,
굳게 서서 / 약속위에 / 실패할 수 없는

fail 실패하다(↔succeed 성공하다), ~하지 않다 ▶ failure 실패(↔success 성공), 불이행

When / the howling / storms of doubt and fear / assail,
~ 할 때 / 울부짖는 / 의심과 두려움의 폭풍우(가) / 습격할

howling (바람, 폭풍 등이)울부짖는, 휘몰아치는, 엄청난, 미친듯한
storm 폭풍우 ▶ stormy 폭풍우가 몰아치는
▶ 속담 After a storm comes a calm. 폭풍우 후에 고요함이 온다(苦盡甘來, 고진감래)
doubt 의심 ▶ doubtful 의심스런 ▶ doubtless 의심없이, 틀림없이
fear 두려움 ▶ fearful 두려운 ▶ fearless 두려움 없는
assail 습격하다, 공격하다(=attack), 괴롭히다

By the living Word of God / I shall prevail,
살아있는 하나님의 말씀에 의해서 / 나는 승리하리라

by ~에 의해서 ▶ by로 시작하는 부사구를 뒤로 돌리면 I shall prevail by the living word of God입니다

living 살아있는 ▶ living room(= family room) 거실
word 단어, 여기서는 대문자로 시작하기 때문에 '하나님의 말씀'이라고 해석합니다
I shall ~ 나는 ~을 하리라 ▶ I will ~ 나는 ~을 할 것이다
prevail 우세하다, 만연하다, 압도하다, 극복하다, 승리하다 > win 이기다
   ▶ 속담 Truth will prevail 진리는 승리한다

Standing / on the promises / I cannot fall,
굳게 서서 / 약속위에   / 내가 넘어질 수 없는

fall 넘어지다, 떨어지다, 추락하다, 가을(낙엽이 떨어지는 계절이죠^^)
   ▶ fallen 넘어진 ▶ fallen angel 추락한(타락한) 천사

Listening / every moment / to the Spirit's call,
= listening to / the Spirit's call / every moment
   들으면서   / 성령의 부름(을) / 모든 순간

listen 듣다 ▶ listen은 소리를 목적을 가지고 주의 깊게 듣는 경우에 사용됩니다
   ▶ listen and answer 듣고 답하세요 ▶ listen to 귀를 기울이다
every 모든 ▶ every word 모든 말 ▶ every part 모든 부분
moment 순간 ▶ wait a moment 잠시만 기다려줘
spirit 성령, 영혼, 정신 ▶ spiritual 성령의, 영혼의, 정신의
call 부름 ▶ calling 소명, 직업

Resting / in my Savior / as my all in all
쉬면서 / 주님 안에서   / 나의 모든 것으로

rest 휴식 ▶ resting 쉬는, 쉬고 있는 ▶ restless 쉼 없는
Savior 구세주
as ~로서, ~처럼, ~할 때, ~하면서
   ▶ as for me 나로서는 ▶ as time goes by 시간이 흐르면서
all in all 전부(=everything), 전체로, 전면적으로, 완전히

📖 Mini 문법 (현재분사와 동명사)

 이 곡에 나온 standing, living, resting과 같이 동사 뒤에 'ing'를 붙이면 '현재분사' 또는 '동명사'가 됩니다.
stand, live, rest (동사) → standing, living, resting (현재분사 또는 동명사)

먼저 현재분사로 쓰이는 경우를 알아봅시다. **현재분사**는 **진행의 의미**가 있고 '**~ 하는**', '**~하면서**'와 같이 해석합니다.

명사를 수식하는 경우	You are the **living** word 당신은 **살아있는** 말씀이다
진행형으로 쓰인 경우	He is **living** in Korea 그는 한국에서 **살고 있는** 중이다
보어로 쓰인 경우	I know him **living** in Korea 나는 그가 한국에서 **살고 있는 것**을 안다
시간을 나타내는 분사 구문으로 쓰인 경우	**Walking** in the desert, I saw oasis 그 사막을 **걸을 때**, 나는 오아시스를 보았다 (**~했을 때**) **Standing** on the stage, He shout and sing 그 무대에 **서서**, 그는 소리 지르고 노래한다 (**~ 하면서**) **Resting** in the mountain for 3 days, He returned home 그 산에서 3일간 **쉬고 나서**, 그는 가정으로 돌아왔다 (**~ 하고 나서**)
이유를 나타내는 분사 구문으로 쓰인 경우	**Walking** in the desert without water, I became very thirsty 물 없이 사막에서 **걸었더니**, 나는 매우 목마르게 되었다 (**~ 때문에**)
양보(~이지만, ~임에도 불구하고)의 의미로 쓰인 경우	**Walking** in the desert without water, I was not thirsty 물 없이 사막에서 **걸었지만**, 나는 목마르지 않았다 (**~ 이지만**)
조건(~한다면)의 의미로 쓰인 경우	**Walking** in the desert without water, You will be thirsty 물 없이 사막을 **걷는다면**, 당신은 목마를 것이다 (**~ 한다면**)

 동명사도 동사 뒤에 'ing'를 붙여 만들며, 동사를 명사처럼 쓸 수 있게 해줍니다, **동명사**는 보통 '**~하는 것**'이라 해석합니다.
동명사는 명사처럼 문장에서 주어, 보어, 목적어로 사용됩니다.

주어로 사용된 경우	**Listening** music is my hobby	음악 **듣는 것**은 나의 취미이다
보어로 사용된 경우	My hobby is **listening** music	나의 취미는 음악 **듣는 것**이다
목적어로 사용된 경우	I like **listening** music	나는 음악 **듣는 것**을 좋아한다

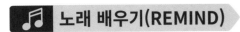

🎵 노래 배우기(REMIND)

아래와 같이 앞서 배웠던 단어나 문구의 뜻을 말해보고 각자 문장을 만들어 보세요!!

Standing on the promises of Christ my King,

standing _일어선_ ▶ standing room _입석_ ▶ standing ovation _기립박수_
on _~ 위에_
promise _약속_ ▶ great and precious promise _크고 귀중한 약속_

Through eternal ages let His praises ring,

through _____ ▶ I can do everything _____ Him who gives me strength
eternal _____ ▶ eternity _____ ▶ eternal life _____
age _____
　▶ Iron age _____ ▶ Bronze age _____ ▶ Stone age _____
let _____ ▶ let me be the light of the world _____
praise _____
ring _____

Glory in the highest, I will shout and sing,

Glory _____ ▶ glorious _____ ▶ glorify _____
in _____ ↔ **out**
the highest _____ ↔ **the lowest**
shout _____ ▶ shout for(with) joy
sing _____ (sing - sang - _____)

Standing on the promises of God my Savior;

savior _____

Standing on the promises that cannot fail,

fail _____ ↔ **succeed**
　▶ failure _____ ↔ success _____

When the howling storms of doubt and fear assail,

howling

storm ▶ stormy

▶ 속담 After a storm comes a

doubt ▶ doubtful ▶ doubtless

fear ▶ fearful ▶ fearless

assail = attack

By the living Word of God I shall prevail,

living ▶ living room(= family room)

Word

I shall ▶ I will

prevail

▶ 속담 Truth will prevail

Standing on the promises I cannot fall,

fall ▶ fallen ▶ fallen angel

Listening every moment to The Spirit's call,

listen ▶ listen and answer

every ▶ every word ▶ every part

moment ▶ wait a moment

spirit ▶ spiritual

call ▶ calling

Resting in my Savior As my all in all

rest ▶ resting ▶ restless

as ▶ as for me ▶ as time goes by

all in all

📖 Mini 문법(REMIND)

현재분사를 사용하여 영작해 봅시다

당신은 **살아있는** 말씀이다	
그는 한국에서 **살고 있는 중이다**	
나는 그가 한국에서 **살고 있는 것을 안다**	
그 사막을 **걸을 때,** 나는 오아시스를 보았다	*Walking*
그 무대에 **서서,** 그는 소리 지르고 노래한다	*Standing*
그 산에서 3일간 **쉬고 나서,** 그는 가정으로 돌아왔다	*Resting*
물 없이 사막에서 **걸었더니,** 나는 매우 목마르게 되었다	*Walking*
물 없이 사막에서 **걸었지만,** 나는 목마르지 않았다	
물 없이 사막을 **걷는다면,** 당신은 목마를 것이다	

현재분사를 사용하여 영작해 봅시다

음악 듣는 것은 나의 취미이다	*Listening*
나의 취미는 음악 듣는 것이다	
나는 음악 듣는 것을 좋아한다	

영한번역

Standing on the promises of Christ my King
Through eternal ages let His praises ring

나의 왕 예수님의 약속 위에 굳게 서서
영원토록 하나님에 대한 찬송이 울려 퍼지게
하소서

Glory in the highest I will shout and sing
Standing on the promises of God.

가장 높은 곳에 영광, 나는 소리치며 노래하리
하나님의 약속 위에 굳게 서리

(Refrain) Standing, standing,
Standing on the promises of God(or Christ)
my Savior
Standing, standing,
I'm standing on the promises of God

(후렴) 굳게 서리, 굳게 서리
나의 구세주 하나님(또는 예수님)의 약속 위에
굳게 서서
굳게 서리, 굳게 서리
나는 하나님의 약속 위에 굳건하게 서 있네

Standing on the promises that cannot fail,
When the howling storms of doubt and
fear assail,
By the living Word of God I shall prevail,
Standing on the promises of God.

실패하지 않는(틀림없는) 약속 위에 굳게 서서
의심과 두려움의 휘몰아치는 폭풍이 엄습해 올
때
하나님의 살아있는 말씀으로 나는 승리하리라
하나님의 약속 위에 굳게 서리

refrain

후렴

Standing on the promises I cannot fall,
Listening every moment to the Spirit's call,
Resting in my Savior as my all in all,

내가 넘어질 수 없는 약속 위에 굳게 서서
모든 순간 성령의 부르심에 귀 기울이며
나의 모든 것으로 나의 구세주 안에서 쉬면서

Standing on the promises of God.

하나님의 약속 위에 굳게 서리

refrain

후렴

refrain

후렴

상기 번역은 영어공부를 위한 해석(직역)이며 공인된 한글 번역곡(가사)은 아님을 알려드립니다.

✚ 성경말씀

앞서 배운 영어찬양과 관련된 성경말씀을 알아봅시다!!

Yet he did not waver through unbelief regarding the promise of God, but was strengthened in his faith and gave glory to God, being fully persuaded that <u>God had power to do what he had promised.</u> (Romans 4:20, 21)

믿음이 없어 하나님의 약속을 의심하지 않고 믿음으로 견고하여져서 하나님께 영광을 돌리며 약속하신 그것을 또한 능히 이루실 줄을 확신하였으니 (로마서 4:20, 21)

His divine power has given us everything we need for life and godliness through our knowledge of him who called us by his own glory and goodness.
Through these <u>he has given us his very great and precious promises</u>, so that through them you may participate in the divine nature and escape the corruption in the world caused by evil desires. (2 Peter 1:3-4)

그의 신기한 능력으로 생명과 경건에 속한 모든 것을 우리에게 주셨으니 이는 자기의 영광과 덕으로써 우리를 부르신 이를 앎으로 말미암음이라
이로써 <u>그 보배롭고 지극히 큰 약속을 우리에게 주사</u> 이 약속으로 말미암아 너희가 정욕 때문에 세상에서 썩어질 것을 피하여 신성한 성품에 참여하는 자가 되게 하려 하셨느니라 (베드로후서 1:3-4)

Let us hold unswervingly to the hope we profess, for <u>he who promised is faithful</u>. (Hebrews 10:23)

또 약속하신 이는 미쁘시니 우리가 믿는 도리의 소망을 움직이지 말며 굳게 잡고 (히브리서 10:23)

From this man's descendants God has brought to Israel the Savior Jesus, as he promised (Acts 13:23)

하나님이 약속하신 대로 이 사람의 후손에서 이스라엘을 위하여 구주를 세우셨으니 곧 예수라 (사도행전 13:23)

May your unfailing love come to me, O LORD, your salvation according to your promise (Psalms 119:41)

여호와여 주의 말씀대로 주의 인자하심과 주의 구원을 내게 임하게 하소서 (시편 119:41)

Be self-controlled and alert. Your enemy the devil prowls around like a roaring lion looking for someone to devour.
Resist him, <u>standing firm in the faith</u>, because you know that your brothers throughout the world are undergoing the same kind of sufferings.
And the God of all grace, who called you to his eternal glory in Christ, after you have suffered a little while, will himself restore you and make you strong, firm and steadfast.
(1 Peter 5:8~10)

근신하라 깨어라 너희 대적 마귀가 우는 사자 같이 두루 다니며 삼킬 자를 찾나니
<u>너희는 믿음을 굳건하게 하여</u> 그를 대적하라 이는 세상에 있는 너희 형제들도 동일한 고난을 당하는 줄을 앎이라
모든 은혜의 하나님 곧 그리스도 안에서 너희를 부르사 자기의 영원한 영광에 들어가게 하신 이가 잠깐 고난을 당한 너희를 친히 온전하게 하시며 굳건하게 하시며 강하게 하시며 터를 견고하게 하시리라 (베드로전서 5:8~10)

(Romans 4:20, 21) **waver** 망설이다, 동요하다, 흔들리다, 망설임, 동요, 흔들림
(Hebrews 10:23) **unswervingly** 확고하게 ▶ unswerving 확고한, 부동의 ▶ swerve
              빗나가다 벗어나다
(Hebrews 10:23) **profess** 공언하다, 고백하다
(Acts 13:23) **descendant** 자손, 후손 ↔ ancestor 선조, 조상
(Psalms 119:41) **according to ~** (= in accordance with ~) ~ 에 따라서, 에 응하여

🔊 성경 말씀(REMIND)

앞서 배운 성경말씀을 소리 내어 읽어보고 해석해 보세요!!

Yet he did not waver through unbelief regarding the promise of God, but was strengthened in his faith and gave glory to God, being fully persuaded that God had power to do what he had promised. (Romans 4:20, 21)

His divine power has given us everything we need for life and godliness through our knowledge of him who called us by his own glory and goodness.
Through these he has given us his very great and precious promises, so that through them you may participate in the divine nature and escape the corruption in the world caused by evil desires. (2 Peter 1:3-4)

Let us hold unswervingly to the hope we profess, for he who promised is faithful. (Hebrews 10:23)

From this man's descendants God has brought to Israel the Savior Jesus, as he promised (Acts 13:23)

May your unfailing love come to me, O LORD, your salvation according to your promise (Psalms 119:41)

Be self-controlled and alert. Your enemy the devil prowls around like a roaring lion looking for someone to devour.
Resist him, standing firm in the faith, because you know that your brothers throughout the world are undergoing the same kind of sufferings.
And the God of all grace, who called you to his eternal glory in Christ, after you have suffered a little while, will himself restore you and make you strong, firm and steadfast. (1 Peter 5:8~10)

Puzzle 6

' STANDING ON THE PROMISE ' 에서 배웠던 단어들로 퍼즐(puzzle)을 완성해 봅시다!

Across_가로

2 노래하다
4 약속
8 우세하다, 만연하다, 승리하다, 이기다
Truht will _____
9 성령, 영혼, 정신
10 휴식, 휴식하다
11 넘어지다, 떨어지다, 추락하다, 가을
12 폭풍우
After a _____ comes a calm
13 칭찬, 찬송, 칭찬하다, 찬송하다
15 의심
16 영광, _____ in the highest
17 왕 ↔ queen

Down_세로

1 나이, 시기, Ice _____ 빙하시대
2 구세주, 구원자
3 순간, 분
5 모든 것
6 단어
7 빛
9 일어서다
14 (종이) 울리다, 전화를 걸다, 반지

정답은 책의 뒤편에서 확인하세요

Still *

Hide me now under Your wings
Find rest my soul, in Christ a - lone

co - ver me with - in Your migh - ty hand When the o-ceans
Know His power, In qui - et-ness and trust

rise and thun-ders roar I will soar with you, a-bove the storm Fa-ther You are

King o - ver the flood I will be still, know You are God

◇ QR코드를 스캔하여 유튜브로 들어보세요!!

◇ 유튜브(www.youtube.com) 검색창에 아래와 같이 입력하고
돋보기를 클릭해도 됩니다.

Still Hillsong | 🔍

* <주 품에 (Still)>
Words and Music by Reuben Morgan © 2002 Hillsong Music Publishing Australia
(admin in Korea by Universal Music Publishing/ CAIOS)

Hide me now
Under your wings
Cover me
Within your mighty hands

(refrain) When the oceans rise and thunders roar
I will soar with you above the storm
Father you are king over the flood
I will be still and know you are God

Find rest my soul
In Christ alone
Know his power
In quietness and trust

refrain × 4

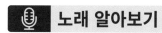 **노래 알아보기**

 이곡의 작곡가인 루벤 모건(Reuben Morgan)은 1975년생으로 힐송처치의 목사이자 예배인도자입니다. 이 곡은 2003년에 발표된 Hope에 수록된 곡으로, 다른 분들처럼 저도 힘들 때 이곡을 들으면서 정말 많은 위안을 받아왔습니다. 이 땅에서 예수님을 바라보며 사는 것은 힘들때가 많습니다. 영적 생활을 하느라고 세상의 즐거움을 누릴 시간이 많이 줄어들기도 하고, 예수님보시기에 부끄럽지 않은, 예수님 닮은 삶을 살기 위해 불편함을 감수해야할 때도 많고, 주위에 믿지 않는 사람들은 예수님 믿는 사람들과 그 모임에 대해 많은 조롱과 비판을 하기도 합니다. 그렇다고 그들을 미워할 수도 없습니다. 예수님은 이웃을 사랑하라고 하셨고, 십자가에서 마지막에 숨을 거두실 때에도 Father forgive them, they don't know what they do (아버지 그들을 용서하소서, 그들은 그들이 무엇을 하는지 모릅니다)라고 말씀하셨기 때문입니다. 거친 파도가 치는 듯한 세상을 살아가며 힘들 때 이 노래를 들으면서 다시금 예수님 안에서 평안과 새 힘을 얻으시기 바랍니다.

Hide / me / now
숨겨주세요 / 나를 / 지금

hide 숨기다 ▶ hide and seek 숨바꼭질
now 지금, 현재 ▶ past - now - future 과거-현재-미래

Under / your wings
아래에 / 당신의 날개들

under 아래에 ▶ under 아래에 ↔ over 위에
wing 날개

Cover / me
덮어주세요 / 나를

cover 덮다, 덮개, 표지 ▶ Love covers all sins 사랑은 모든 죄를 덮는다
▶ 속담 Do not judge a book by it's cover 책의 표지로 책을 판단하지 말라

Within / your mighty hands
안에서 / 당신의 강한 손

within ~안에서, ~안쪽에, ~안쪽으로, ~이내에 ▶ with ~와 같이(함께), ~을 가지고
mighty(=strong) 강력한, 힘센, 대단한, 위대한 ▶ might 힘

When / the oceans rise and / thunders roar
~할 때 / 바다가 거세어지고 / 천둥이 으르렁거릴

ocean 대양, 해양, 바다(=sea) ▶ the Pacific Ocean 태평양
rise (rise-rose-risen) 상승하다, 세어지다, 일어서다, 떠오르다, 기상하다
▶ The sun rise 해가 떠오른다 ↔ The sun set 해가 진다
thunder 천둥 ▶ lightening 번개
roar 으르렁거리다, 소리치다, 외치다, 노호(하다), 포효(하다)

I will soar / with you / above the storm
나는 날아오를 것입니다 / 당신과 함께 / 폭풍우 위로

soar 날아오르다, 급상승하다, 치솟다

▶ They will soar like eagles 그들은 독수리들 같이 날아오를 것입니다
with ~와 같이(함께), ~을 가지고
above 위쪽에, 위로, 초과한, 넘어선 ▶ fly above the sea 바다 위를 날다
storm 폭풍(우) ▶ stormy 폭풍(우)가 몰아치는
▶ 속담 After a storm comes a calm 폭풍 후에 고요함이 온다(苦盡甘來, 고진감래)

Father / you are king   / over the flood
아버지 / 당신은 왕이십니다 / 큰(강)물 위에(을 넘어선)

over ~ 위에, 위쪽에, 넘어선
flood 밀물, 홍수, 큰(강)물 ▶ Noah's Ark and the Great Flood 노아의 방주와 대홍수

I will be still   / and   / know / you are God
나는 잠잠할 것입니다 / 그리고 / 압니다 / 당신이 하나님이라는 것을

Still 여기서는 '아직도'라는 뜻이 아니고 '잠잠한', '고요한'으로 쓰였습니다
▶ 속담 Still waters run deep 잠잠한 물이 깊이 흐른다
know 알다(know-knew-known) ▶ knowledge 지식

Find rest my soul
= My soul / find   / rest
나의 영혼(은) / 찾습니다 / 휴식(을)

find 찾다, 발견하다 ▶ find out 발견하다, 알아내다, 간파하다
▶ Seek and you will find 구하라 그러면 너는 찾을 것이다
soul 영혼, 정신 ↔ **body** 육체, 몸
▶ 속담 Brevity is the soul of wit 간결함은 재치의 영혼(생명)

In Christ   / alone
그리스도 안에서 / 오직

alone 홀로, ~만으로
▶ 속담 Man shall not live by bread alone 사람은 빵만으로 사는것이 아니다

Know his power
= (My soul) / know   / his power
(나의 영혼은) / 알고있습니다 / 그의 힘(권능)을

In   / quietness and trust
안에서 / 평온함과 신뢰

quietness 평온함, 안식, 조용함 ▶ quiet 평온한, 안식하는, 조용한
trust 신뢰, 신용, 확신, 책임 ▶ I trust in you 나는 당신을 신뢰합니다

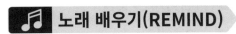 **노래 배우기(REMIND)**

아래와 같이 앞서 배웠던 단어나 문구의 뜻을 말해보고 각자 문장을 만들어 보세요!!

Hide me now

hide _____ ▶ hide and seek _____
now _____ ▶ past - now - future

Under your wings

under _____ ▶ under ↔ over _____
wing _____

Cover me

cover _____
▶ 속담 Do not judge a book by it's cover _____

Within your mighty hands

within ~ _____ ▶ with ~ _____
mighty(=strong) _____ ▶ might _____

When the oceans rise and thunders roar

ocean _____ ▸ the Pacific Ocean
rise _____ ▸ sun rise
thunder _____ ▸ lightening
roar _____

I will soar with you above the storm

soar _____
▸ They will soar like eagles
with _____
above _____ ▸ fly above the sea
storm _____ ▸ stormy
▸ 속담 After a storm comes a calm

Father you are king over the flood

over ~ _____
flood _____ ▸ Noah's Ark and the Great Flood

I will be still and know you are God

Still _____ ▸ 속담 Still waters run deep
know _____ (know-knew-known) ▸ knowledge

Find rest my soul

find _____ ▸ find out
▸ Seek and you will find

In Christ alone

alone _____ ▸ 속담 Man shall not live by bread alone

In quietness and trust

quietness _____ ▸ quiet
trust _____ ▸ I trust in you

⊘ 영한번역

Hide me now	지금 나를 숨겨주세요
Under your wings	당신의 날개들 아래에
Cover me	나를 덮어주세요
Within your mighty hands	당신의 강한 손안에서

(refrain)	(후렴)
When the oceans rise and thunders roar	바다가 거세어지고 천둥이 으르렁거릴 때
I will soar with you above the storm	나는 당신과 함께 폭풍우 위로 날아오를 것입니다
Father you are king over the flood	아버지 당신은 큰물 위에(을 넘어선) 왕이십니다
I will be still and know you are God	나는 잠잠할 것입니다 그리고 (나는) 당신이 하나님이심을 알게 될 것입니다

Find rest my soul	나의 영혼은 휴식을 찾습니다
In Christ alone	오직 그리스도 안에서
Know his power	그의 권능을 알고 있습니다
In quietness and trust	평온함과 신뢰안에서

refrain × 4	후렴 ×4

※ 상기 번역은 영어공부를 위한 해석(직역)이며 공인된 한글 번역곡(가사)은 아님을 알려드립니다.

✠ 성경말씀

앞서 배운 영어찬양과 관련된 성경말씀을 알아봅시다!!

"Be still, and know that I am God; I will be exalted among the nations, I will be exalted in the earth." (Psalms 46:10)

이르시기를 너희는 가만히 있어 내가 하나님 됨을 알지어다 내가 뭇 나라 중에서 높임을 받으리라 내가 세계 중에서 높임을 받으리라 하시도다 (시편 46:10)

When I am afraid, I will put my trust in You. (Psalms 56:3)

내가 두려울 때 주를 신뢰하겠습니다.(시편 56:3, 현대인)

My soul finds rest in God alone; my salvation comes from him. (Psalms 62:1)

내 영혼이 말없이 하나님만 바라보니 구원이 그에게서 나옴이라.(시편 62:1)

Find rest, O my soul, in God alone; my hope comes from him.
He alone is my rock and my salvation; he is my fortress, I will not be shaken. (Psalms 62:5~6)

나의 영혼아 잠잠히 하나님만 바라라 무릇 나의 소망이 그로부터 나오는도다
오직 그만이 나의 반석이시요 나의 구원이시요 나의 요새이시니 내가 흔들리지 아니하리로다.
(시편 62:5~6)

It is better to take refuge in the LORD Than to trust in man.
It is better to take refuge in the LORD Than to trust in princes.
(Psalms 118:8~9, NASB)

주님께 몸을 피하는 것이, 사람을 의지하는 것보다 낫다.
주님께 몸을 피하는 것이, 높은 사람을 의지하는 것보다 낫다.
(시편 62:5~6, 새번역)

"Come to me, all you who are weary and burdened, and I will give you rest. Take my yoke upon you and learn from me, for I am gentle and humble in heart, and you will find rest for your souls. (Matthew 11:28-29)

수고하고 무거운 짐 진 자들아 다 내게로 오라 내가 너희를 쉬게 하리라
나는 마음이 온유하고 겸손하니 나의 멍에를 메고 내게 배우라 그리하면 너희 마음이 쉼을 얻으리니(마테복음 11:28-29)

Peace I leave with you; my peace I give you. I do not give to you as the world gives. Do not let your hearts be troubled and do not be afraid.(John 14:27)

나는 평화를 너희에게 남겨 준다. 나는 내 평화를 너희에게 준다. 내가 너희에게 주는 평화는 세상이 주는 것과 같지 않다. 너희는 마음에 근심하지 말고, 두려워하지도 말아라(요한복음 14:27, 새번역)

Therefore humble yourselves under the mighty hand of God, that He may exalt you at the proper time, casting all your anxiety on Him, because He cares for you. (1 Peter 5:6-7, NASB)

그러므로 여러분은 하나님의 능력의 손 아래로 자기를 낮추십시오. 때가 되면, 하나님께서 여러분을 높이실 것입니다.
여러분의 걱정을 모두 하나님께 맡기십시오. 하나님께서는 여러분을 돌보고 계십니다. (베드로전서 5:6-7, 새번역)

(Psalms 62:1) **salvation** 구조, 구세주
(Psalms 46:10) **exalt** 찬양하다, 높이다, 올리다, 승진시키다
(Matthew 11:29) **yoke** 멍에, 속박, 지배, 연결, 인연

🗣️ 성경 말씀(REMIND)

앞서 배운 성경말씀을 소리 내어 읽어보고 해석해 보세요!!

"Be still, and know that I am God; I will be exalted among the nations, I will be exalted in the earth." (Psalms 46:10)

When I am afraid, I will put my trust in You. (Psalms 56:3)

My soul finds rest in God alone; my salvation comes from him. (Psalms 62:1)

Find rest, O my soul, in God alone; my hope comes from him. He alone is my rock and my salvation; he is my fortress, I will not be shaken. (Psalms 62:5~6)

It is better to take refuge in the LORD Than to trust in man. It is better to take refuge in the LORD Than to trust in princes. (Psalms 118:8~9, NASB)

"Come to me, all you who are weary and burdened, and I will give you rest. Take my yoke upon you and learn from me, for I am gentle and humble in heart, and you will find rest for your souls. (Matthew 11:28-29)

Peace I leave with you; my peace I give you. I do not give to you as the world gives. Do not let your hearts be troubled and do not be afraid. (John 14:27)

Therefore humble yourselves under the mighty hand of God, that He may exalt you at the proper time, casting all your anxiety on Him, because He cares for you. (1 Peter 5:6-7, NASB)

Puzzle 7

' STILL ' 에서 배웠던 단어들로 퍼즐(puzzle)을 완성해 봅시다!

1
2 R
3
4 N
5 M
6 F
7
8
9
10
11 Q
12
13
14
15 S
T

Across_가로

4 지금(=present)
right ______ 바로 지금

8 잠잠한, 고요한, 이곡의 제목입니다^^

9 신뢰, 신용, 확신, 책임
미국 지폐에 보면 이런 문구가 있죠
In God we ______

10 대양, 해양, 바다(=sea)

12 덮다, 덮개, 표지

13 천둥, 참고로 번개는 lightening 이죠

14 휴식, 휴식(안식)하다

Down_세로

1 영혼, 정신 ↔ body 육체, 몸

2 으르렁거리다, 소리치다

3 숨기다
______ and seek 숨바꼭질

5 힘쎈 = strong

6 밀물, 홍수, 큰(강)물

7 날개

8 폭풍(우)

11 평온한, 안식하는, 조용한

15 날아오르다, 급상승하다

정답은 책의 뒤편에서 확인하세요

 아찬영에 수록된 17개 곡에 나온 단어들을 가지고 워드 클라우드(word cloud)를 만들어 보았습니다. 워드 클라우드(word cloud)에서는 많이 등장하는 단어들이 크게 표시되므로, 아찬영에 수록된 곡들에는 GOD(하나님), WILL(의지), COME(오다). HEART(마음), 길(WAY), 구세주(CHRIST), 예수님(JESUS)과 같은 단어가 가장 많이 등장함을 확인 할 수 있습니다. 아찬영의 곡들을 배우며 하나님의 의지와 은혜, 길이며 구원자이신 예수님이 우리를 위해 오셨음을 생각해 봅니다.

He never sleep*

When you've prayed every prayer that you know how to pray
Just remember the Lord will hear and the answer in on its way
Our God is able
He is mighty
He is faithful

(Refrain) And He never sleeps, He never slumbers
He never tires of hearing our prayer
When we are weak, He becomes stronger
So rest in His love and cast all of your cares on Him

Do you feel that the Lord has forgotten your need
Just remember that God is always working in ways you cannot see
Our God is able
He is mighty
He is faithful

Refrain X 4

◇ QR코드를 스캔하여 유튜브로 들어보세요!!
◇ 유튜브(www.youtube.com) 검색창에 아래와 같이 입력하고
돋보기를 클릭해도 됩니다.

He never sleep don moen | 🔍

🎙 노래 알아보기

이곡은 앞서 소개되었던 돈 모엔(Don Moen) 목사님이 작사ㆍ작곡하신 곡으로 2006년 발표된 앨범인 'Hiding Place(피난처)'에 수록되어 있는 곡입니다. 돈 모엔 목사님은 2006년 일본에서 열린 찬양예배에서 '어느날 나는 내가 매일 밤 하나님께 같은 것을 기도드리고 있음을 깨닫게 되었는데, 하나님은 날마다 같은 기도를 할지라도 우리의 기도를 들어주시는 데 절대로 지치시는 법이 없으셨고 하나님은 절대 잠들지 않는 분이시다'("One day I realized I had prayed the same thing to God every night, But God is never too tired to hear our prayers, even it's the same everyday. He is one that never sleeps.")라고 이곡을 소개하셨습니다. 힘들고 지칠 때 언제라도 우리의 기도를 들어주시는 신실하신 하나님을 생각하며 찬양을 불러봅시다.

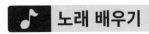

🎵 노래 배우기

When you've prayed / every prayer that you know how to pray
당신이 기도했을 때 / 당신이 어떻게 기도하는지 알고 있는 모든 기도(를)

you've = you have
pray 기도하다 ▶ prayer 기도 ▶ the Lord's Prayer 주기도문
know 기도하다 ▶ knowledge 지식
how to pray 어떻게 기도하는지

Just remember / the Lord will hear and / the answer in on its way
단지 기억하라 / 하나님은 들으실 것이고 / 그 응답이 오고 있는 중입니다

Just 단지, 다만
remember 기억하다 ▶ remembrance 기억(=memory)
lord 주님, 주인
hear 듣다 (hear-heard-heard)
answer 대답하다
way 방법, 방식, 길
on its way 가는(오는, 배달) 중인, 앞으로 일어날 일에

114 아름다운 찬양으로 배우는 영어

Our God   / is able
우리 하나님은 / 능력이 있으시다

Our God '**r**'의 발음이 거의 안 되어 [알가드]라고 들립니다.
able 가능한, 능력이 있는 / **be able to = can**

He is mighty
그는 힘이 세시다

mighty 힘센 / might 힘
▶ 속담 The pen is mightier than the sword 펜은 칼보다 강하다(책, 언론기사 등이 폭력보다 더 효과적이다)

He is faithful
그는 신실하시다

faithful 신실한, 충실한, 성실한 ▶ faith 믿음, 신앙

And He never sleeps   / He never slumbers
그는   / 절대 지쳐하지 않으신다 / 우리의 기도를 들으시는데

tire of ~ ~에 지친 ▶ tire of hearing ~ ~을 듣기에 지친

When we are weak / He becomes stronger
우리가 연약할 때   / 그는 강해지신다

when ~ ~한때
weak 약한 ▶ weakness 약함
become (become-became-become) ~이 되다
stronger 더 힘센 / strong-stronger-the strongest 힘센-더 힘센-가장 힘센
▷ let the weak say I'm strong 약한 자들이 '나는 강하다'라고 말하도록 하라

So   / rest in His love
그러므로 / 그의 사랑안에 쉬세요

and / cast   / all of your cares   / on Him
그리고 / 던저버리세요 / 당신이 걱정하는 모두를 / 그에게

so 그러므로, 그래서

rest 쉬다, 쉼 ▶ restless 쉼 없는

▶ restless life 쉼 없는 인생(바쁘게 돌아가는 인생)

love 사랑하다, 사랑

cast 던지다, 보내다, (배역을) 맡기다, 던지기, 배역 ▶ throw 던지다(많은 경우 구체적인 물건을 던지는 경우는 throw를, 추상적인 것을 던지는 경우 cast를 사용합니다)

care 걱정(염려), 걱정(염려)하다

▶ careless 걱정(근심) 없는 ▶ careful 걱정되는, 주의 깊은

Do you feel /that the Lord /has forgotten / your need

당신은 느낍니까 / 하나님이 / 잊으셨다고 / 당신의 필요(를)

feel 느끼다 ▶ how do you feel? 어떻게 느껴? 뭐라고 생각해?

forget 잊어버리다(forget-forgot-forgotten)

need 필요하다, 필요

▶ 속담 A friend in need is a friend indeed 필요할 때 친구가 진정한 친구

Just remember / that God is always working / in ways ← you cannot see

다만 기억하세요 / 하나님은 항상 일하시는 것을 / 방식으로 ← 당신이 볼 수 없는

remember 기억하다 ▶ remembrance 기억

always 항상, 언제나, 늘

▶ Rejoice always and pray without ceasing 항상 기뻐하고 쉬지 말고 기도하라

way 방법, 방식, 길

you cannot see가 ways를 설명해 주고 있고, ways 뒤에 'that'이나 which'와 같은 관계대명사를 쓸 수 있는데 여기서는 생략되어 있습니다.

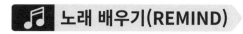 **노래 배우기(REMIND)**

아래와 같이 앞서 배웠던 단어나 문구의 뜻을 말해보고 각자 문장을 만들어 보세요!!

When you've prayed every prayer that you know how to pray

pray _기도하다_ ▶ prayer _기도_ ▶ the Lord's Prayer _주기도문_
know _알다_ ▶ knowledge _지식_
how to pray _어떻게 기도하는지_

Just remember the Lord will hear and the answer in on it's way

Just _____
remember _____ ▶ remembrance (= _____)
lord _____
hear _____ (hear - _____ - _____)
answer _____
way _____ ▶ on it's way _____

Our God is able

able _____ ▶ be able to = _____

He is mighty

mighty _____ ▶ might _____

He is faithful

faithful _____ ▶ faith _____

And He never sleeps He never slumbers

never _____
sleep _____ ▶ sleepy _____
slumber(=doze) _____ ▶ slumber party _____
▶ He never slumber away his life

He never tires of hearing our prayer

tire of _____ ▶ tire of hearing _____

When we are weak He becomes stronger

when ~ _____
weak _____ ▶ weakness
stronger _____ ▶ strong - _____ - the strongest
  ▶ let the weak say i'm strong _____

So rest in His love and cast all of your cares on Him

so _____
rest _____ ▶ restless _____ ▶ restless
love _____
cast _____ ▶ throw
so _____
care _____ ▶ careless _____ ▶ careful _____

Do you feel that the Lord has forgotten our need

feel _____ ▶ how do you feel? _____
forget _____ (forget - _____ - _____)
need _____
  ▶ 속담 A friend in need is a friend _____

Just remember that God is always working in ways you cannot see

remember _____ ▶ remembrance _____
always _____
  ▶ Rejoice always and pray without ceasing _____
way _____

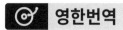 영한번역

When you've prayed every prayer that you know how to pray	당신이 어떻게 기도하는지 알고 있는 모든 기도를 당신이 기도했을 때
Just remember the Lord will hear and the answer in on it's way	다만 기억하라, 하나님은 들으실 것이고 그 응답이 오고 있는 중입니다
Our God is able	우리의 하나님은 능력이 있으시며
He is mighty	그는 힘이 세시고
He is faithful	그는 신실하시다
(Refrain) And He never sleeps, He never slumbers	(후렴) 그리고 그는 절대 잠들지 않으시고, 그는 절대 졸지 않으신다
He never tires of hearing our prayer	그는 우리의 기도를 들으시는데 절대 지쳐 하지 않으신다
When we are weak, He becomes stronger	우리가 약할 때, 그는 더욱 강해지신다
So rest in His love and cast all of your cares on Him	그러므로 그의 사랑 안에서 쉬고, 너의 모든 걱정(염려)을 그에게 맡겨라
Do you feel that the Lord has forgotten your need	당신은 하나님이 당신의 필요를 잊으셨다고 느낍니까
Just remember that God is always working in ways you cannot see	다만 기억하세요, 하나님은 당신이 볼 수 없는 방식으로 항상 일하고 계심을
Our God is able	우리의 하나님은 능력이 있으시며
He is mighty	그는 힘이 세시고
He is faithful	그는 신실하시다
Refrain × 4	후렴 ×4

상기 번역은 영어공부를 위한 해석(직역)이며 공인된 한글 번역곡(가사)은 아님을 알려드립니다.

✙ 성경말씀

앞서 배운 영어찬양과 관련된 성경말씀을 알아봅시다!!

Do you not know? Have you not heard? The LORD is the everlasting God, the Creator of the ends of the earth. He will not grow tired or weary, and his understanding no one can fathom
He gives strength to the weary and increases the power of the weak (Isaiah 40:28~29)

너는 알지 못하였느냐 듣지 못하였느냐 영원하신 하나님 여호와, 땅 끝까지 창조하신 이는 피곤하지 않으시며 곤비하지 않으시며 명철이 한이 없으시며
피곤한 자에게는 능력을 주시며 무능한 자에게는 힘을 더하시나니 (이사야 40:28~29)

Righteousness and justice are the foundation of your throne; love and faithfulness go before you (Psalm 89:14)

의와 공의가 주의 보좌의 기초라 인자함과 진실함이 주 앞에 있나이다 (시편 89:14)

Cast your cares on the LORD and he will sustain you; he will never let the righteous be shaken (Psalm 55:22)

네 짐을 여호와께 맡기라 그가 너를 붙드시고 의인의 요동함을 영원히 허락하지 아니하시리로다 (시편 55:22)

He will not let your foot slip, he who watches over you will not slumber (Psalm 121:3)

이스라엘을 지키시는 이는 졸지도 아니하시고 주무시지도 아니하시리로다 (시편 121:3)

Ask and it will be given to you; seek and you will find; knock and the door will be opened to you (Matthew 7:7)

구하라 그리하면 너희에게 주실 것이요 찾으라 그리하면 찾아낼 것이요 문을 두드리라 그리하면 너희에게 열릴 것이니 (마태복음 7:7)

Come to me, all you who are weary and burdened, and I will give you rest (Matthew 11:28)

수고하고 무거운 짐 진 자들아 다 내게로 오라 내가 너희를 쉬게 하리라 (마태복음 11:28)

Therefore humble yourselves <u>under the mighty hand of God</u>, that He may exalt you at the proper time, <u>casting all your anxiety on Him</u>, because He cares for you. (1 Peter 5:6-7, NASB)

그러므로 여러분은 하나님의 능력의 손 아래로 자기를 낮추십시오. 때가 되면, 하나님께서 여러분을 높이실 것입니다. 여러분의 걱정을 모두 하나님께 맡기십시오. 하나님께서는 여러분을 돌보고 계십니다. (베드로전서 5:6-7, 새번역)

If we confess our sins, <u>he is faithful and just</u> and will forgive us our sins and purify us from all unrighteousness. (1 John 1:9)

그러나 우리가 우리의 죄를 하느님께 고백하면 <u>진실하시고 의로우신 하느님께서는</u> 우리의 죄를 용서하시고 우리의 모든 불의를 깨끗이 씻어주실 것입니다. (요한일시 1:9, 공동번역)

Do not be anxious about anything, but in everything, by prayer and petition, with thanksgiving, present your requests to God.
And the peace of God, which transcends all understanding, will guard your hearts and your minds in Christ Jesus. (Philippians 4:6~7)

아무 것도 염려하지 말고 다만 모든 일에 기도와 간구로, 너희 구할 것을 감사함으로 하나님께 아뢰라 그리하면 모든 지각에 뛰어난 하나님의 평강이 그리스도 예수 안에서 너희 마음과 생각을 지키시리라. (빌립보서 4:6~7)

(Isaiah 40:28) **fathom** 깊이를 재다, 측량하다
　　　　　　everlasting(= permanent, eternal) 불변의, 영원한
　　　　　　↔ temporary 일시적인, 임시의, 순간의
(Psalm 33:22) **unfailing** 틀림없는, 확실한, 무한한
(Psalm 55:22) **sustain** 지지하다, 떠받치다, 부양하다
(1 John 1:9) **purify** 깨끗이 하다, 정화하다 / **pure** 순수한, 맑은, 깨끗한

🗨️ 성경 말씀(REMIND)

앞서 배운 성경말씀을 소리 내어 읽어보고 해석해 보세요!!

Do you not know? Have you not heard? The LORD is the everlasting God, the Creator of the ends of the earth. He will not grow tired or weary, and his understanding no one can fathom

He gives strength to the weary and increases the power of the weak (Isaiah 40:28~29)

Righteousness and justice are the foundation of your throne; love and faithfulness go before you (Psalm 89:14)

Cast your cares on the LORD and he will sustain you; he will never let the righteous be shaken (Psalm 55:22)

He will not let your foot slip, he who watches over you will not slumber (Psalm 121:3)

Ask and it will be given to you; seek and you will find; knock and the door will be opened to you (Matthew 7:7)

Come to me, all you who are weary and burdened, and I will give you rest (Matthew 11:28)

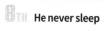

Therefore humble yourselves <u>under the mighty hand of God</u>, that He may exalt you at the proper time,
<u>casting all your anxiety on Him</u>, because He cares for you. (1 Peter 5:6-7, NASB)

If we confess our sins, <u>he is faithful and just </u> and will forgive us our sins and purify us from all unrighteousness (1 John 1:9)

Do not be anxious about anything, but in everything, by prayer and petition, with thanksgiving, present your requests to God.
And the peace of God, which transcends all understanding, will guard your hearts and your minds in Christ Jesus. (Philippians 4:6~7)

Puzzle 8

' **HE NEVER SLEEP** '에서 배웠던 단어들로 퍼즐(puzzle)을 완성해 봅시다!

Across_가로

- **3** 믿음, 신앙
- **5** 잠, 수면, 잠자다
- **8** 기억하다(=memorize)
- **10** 방법, 방식, 길
- **11** 힘센 ↔ weak
- **12** 듣다, Do you _____ me? 내 말 들리니?

Down_세로

- **1** 던지다, 던지기, (배역을) 맡기다, 배역
- **2** 걱정(염려), 걱정(염려)하다
- **4** 가능한, 능력이 있는(= can = be __to)
- **6** 사랑하다, 사랑
- **7** 기도, the Lord's _____ 주기도문
- **9** 힘, _____ and magic 힘과 마법
- **10** 약한 ↔ strong
- **13** 졸다(=doze)

정답은 책의 뒤편에서 확인하세요

MEMO

Amazing grace

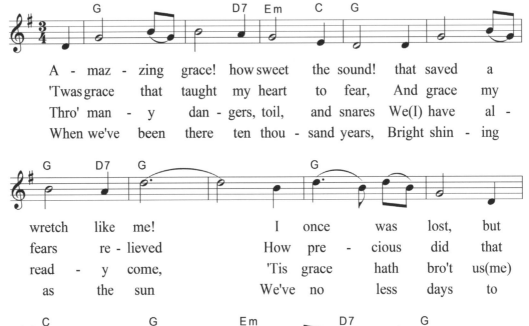

A - maz - zing grace! how sweet the sound! that saved a
'Twas grace that taught my heart to fear, And grace my
Thro' man - y dan - gers, toil, and snares We(I) have al -
When we've been there ten thou - sand years, Bright shin - ing

wretch like me! I once was lost, but
fears re - lieved How pre - cious did that
read - y come, 'Tis grace hath bro't us(me)
as the sun We've no less days to

now am found; was blind, but now I see.
grace ap - pear The hour I first be - lieved
safe thus - far, And grace will lead me home
sing God's praise Than when we first be - gun.

◇ QR코드를 스캔하여 유튜브로 들어보세요!!

◇ 유튜브(www.youtube.com) 검색창에 아래와 같이 입력하고
돋보기를 클릭해도 됩니다.

"amazing grace" | 🔍

Amazing grace! How sweet the sound
That saved a wretch like me!
I once was lost, but now I am found
Was blind, but now I see

'Twas grace that taught my heart to fear,
And grace, my fears relieved;
How precious did that grace appear
The hour I first believed!

Through many dangers, toils and snares,
We(I) have already come;
'Tis Grace that brought us safe thus far,
And grace will lead us(me) home.

When we' been there ten thousand years
Bright shining as the sun,
We've no less days to sing God's Praise
Than when we first begun

Amazing grace! How sweet the sound
That saved a wretch like me!
I once was lost, but now am found
Was blind, but now I see

🎤 노래 알아보기

이곡은 18세기의 가장 위대한 설교자 중 한사람인 존 뉴턴(John Newton, 1725~1807) 목사님이 자신의 생애를 돌아보며 1779년에 쓴 찬양시를 바탕으로 작곡 되었습니다. 작곡가는 알려져 있지 않고, 음률은 아일랜드 민요, 스코틀랜드 민요, 또는 북미 체로키 인디언의 민요에서 왔다는 여러 가지 설이 있습니다. 새찬송가 305장(통합 찬송가 405장)에 수록되어 있으며, 우리나라에서는 '나 같은 죄인 살리신'이라는 제목으로 번안되어 불리고 있습니다.

이곡의 작사가인 존 뉴턴은 런던에서 태어나 신앙심이 깊은 어머니 슬하에서 성경 말씀 안에 자랐지만 7살 때 어머니가 돌아가셨고 11살 때부터 바다에서 선원 생활을 시작하면서 하나님을 잊고 범죄와 방탕의 삶을 살기 시작했습니다. 1743년 영국 해군에 입대해서 군 생활을 하던 중 힘든 생활을 견디다 못해 탈영하다 체포되었고 동료들에 의해 서아프리카에서 노예상인에게 넘겨져 노예 생활을 하기도 했습니다.

1748년 뉴턴은 15개월의 노예생활 중 아버지로부터 부탁을 받은 상선 Greyhound 호에 의해 극적으로 구출되었으나, 영국으로 돌아가는 길에 폭풍우에 배가 좌초되어 며칠 동안 배 안의 물을 퍼내면서 죽을 고비를 넘기며 뉴턴은 하나님께 목숨을 살려달라고 외쳤고 결국 구조되었습니다.

이후 그는 자기의 삶을 돌아보게 되었고 어렸을 때 어머니로부터 배웠던 성경 말씀과 하나님에 대한 감사로 믿음이 자라나게 되었습니다. 그러나 그는 이후 잠시간을 아프리카의 흑인들을 데려다가 노예로 파는 노예 상인으로 살기도 했으나 결국에는 회심한 끝에 노예 상인으로서의 삶을 접고 노예 무역의 끔찍한 현실을 알리는데 앞장서게 됩니다. 그의 나이 30대 후반부터는 리버풀 항구에서 일하며 그리스어 히브리어와 신학공부에 매진하여 영국 성공회 목사가 되었고 이곡을 포함하여 280여 편의 찬송가를 작곡하였습니다. 그의 설교는 매우 유명하여 그의 설교를 듣기 위해 모여든 많은 사람들을 수용할만한 회당이 추가로 마련되었다고 합니다.

그는 평생 동안 젊었을 때 노예상인으로 살았던 삶을 회개하면서 그 당시 당연하게 여겨졌던 노예 거래의 폐지를 주장하였고, 마침내 영국에서 노예 거래를 금지하는 법안(Slave Trade Act 1807)이 통과되는 것을 보고 생을 마감하게 됩니다.

영국 버킹엄셔(Buckinghamshire)에 있는 그의 무덤에 세워진 묘비석(grave stone)에는 다음과 같은 자필 묘비명이 있다 합니다.

JOHN NEWTON, Clerk, once an Infidel and Libertine, a Servant of Slaves in Africa, was, by the Rich Mercy of our Lord and Saviour Jesus Christ, preserved, pardoned, and appointed to preach the Faith he had long labored to destroy (한때 반기독교인이며, 방탕아였고, 아프리카에서 노예들의 종이었던 성직자 존 뉴턴은 우리 주님이시며 구세주이신 예수님의 풍성하신 은혜로 보호되고, 용서받았으며, 그가 없애려고 오랫동안 노력해왔던 믿음을 전파하는 일에 임명되었다)

존 뉴턴(John newton) 목사님과 함께 동시대를 영국에서 살았던 윌리엄 윌버포스(William Wilberforce, 1759~1833)를 잠시 소개하고자 합니다. 윌버포스는 신실한 크리스천이자 영국의 유명한 정치가로 21세에 정계에 입문하여 50여 년을 넘게 존 뉴턴 목사님과 함께 노예제도의 폐지를 위해 앞장섰습니다. 윌버포스도 20대 중반에 복음으로 회심(conversion) 한 후 자신이 살아왔던 삶에 대해 회개하고 또한 앞으로의 삶의 방향에 대해 깊은 고민을 하였는데, 많은 기도와 숙고 그리고 존 뉴턴 목사님의 권유에 따라 전임 사역자보다는 정계에 남아있기로 결심하였고, 평생을 성실한 정치인으로서 인간에 대한 사랑과 기독교 윤리의 확산을 위해 헌신하였습니다.

윌버포스의 이야기는 2006년에 'Amazing Grace'라는 이름으로 영화화되었는데 꼭 한번 보시길 권합니다.

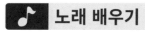 **노래 배우기**

Amazing grace! / How sweet the sound
놀라운 은혜! / 얼마나 달콤한 그 소리인지

amazing (대단히, 매우) 놀라운, 놀랄만한 ▶ amaze (대단히, 매우) 놀라게 하다
grace 은혜, 은총, 우아함, 품위, 예의, 식사 전 기도 ▶ grace of God 신의 은혜(은총)
how 얼마나, 어떻게 ▶ How old are you? 당신은 몇 살인가요?
sweet 달콤한 ▶ bitter 씁쓸한 ▶ salty 짠
sound 소리, 음향 ▶ sound of bell 종의 소리
sound 형용사로는 '건강한', '건전한' 이란 의미입니다
　▶ 속담 A sound mind in a sound body 건강한 신체에 건전한 마음

That / saved   / a wretch   / like me!
그것이 / 구했습니다 / 몹쓸(불쌍한) 사람(을) / 나와 같은

save (죽음에서, 손실에서) 구하다(= rescue), 안전하게 지키다, 저축하다
wretch 불쌍한 사람, 비열한 사람 ▶ poor wretch 가난하고 불쌍한 사람
like ~ ~처럼 ▶ like me 나처럼

I once was lost, but now am found
= Once / I was lost,   / but   / now / I am found
한때 / 나는 (길을) 잃어 버렸습니다 / 그러나 / 지금은 / 나는 찾았습니다

once 언젠가, 한 번, 이전에, 옛날에
lost (길을, 물건을) 잃어버린 ↔ found (find의 과거) 찾은
▶ lost and found 분실물 보관소
now 지금, 현재 ▶ past 과거 ▶ future 미래
▶ now am found 'I'가 생략되어 있습니다 = now I am found

Was blind, but now I see
= I was blind,   / but   / now   / I see
나는 눈이 멀었었다   / 그러나 / 지금은 / 나는 봅니다

blind 눈이 먼, ~을 못 보는, 창문을 가리는 가리개
▶ 속담 Avarice blind our eyes 탐욕은 우리의 눈을 멀게 한다
see 보다(see-saw-seen)

'Twas grace that taught my heart to fear,
= It was grace / that taught my heart to fear,
그것은 은혜였다 / 나의 마음에 두려움을 가려쳐준 (것은)

'Twas [퉈스]라고 발음됩니다 = It was
that 관계대명사로서 뒤에 나온 문장이 that 앞에 나온 단어(여기서는 grace)를 꾸며줍니다
taught 가르쳤다(teach-taught-taught)
heart 마음, 심장 ▶ heartbeat 심장박동
fear 두려워하다, 두려움
▶ The fear of the Lord is the beginning of knowledge 하나님을 두려워함이 지식의 시작이다
(잠언 1장 7절 앞절)

And grace, my fears relieved;
= And / it was grace   / that relieved my fears
그리고 / 그것은 은혜였다 / 나의 두려움을 덜어준

relieve (고통 등을) 덜어주다, 완화하다

How precious / did that grace appear

I once was lost, but now am found
얼마나 귀중한지 / 그 은혜가 나타난 것인

precious 귀중한, 소중한
appear 나타나다 ▶ appearance 나타남, 외모
▶ 속담 Never judge someone by their appearance 외모로 누군가를 판단하지 말라(= Beauty is but skin deep)

The hour / I first believed!
그 시간 / 내가 처음 믿었던

hour 1 시간, 1시간 정도의 시간 ▶ rush hour 출퇴근 혼잡 시간대 ▶ zero hour 공격 등의 개시 시간
first 최초의, 첫째, 먼저 ▶ first fruit 첫 열매

Through / many / dangers, / toils / and snares,
겪으며(통과하면서) / 많은 / 위험들, / 수고들 / 그리고 함정들(을)

through ~ (무엇을, 누구를) 겪으면서, 통과하면서, 통하여
▶ They traveled through the tunnel 그들은 그 터널을 통과하여 이동 하였다
danger 위험 ▶ dangerous 위험한
toil 수고, 고역, 힘든 일
snare 덫(=trap), 올무, 올가미, 유혹

We have already come;
우리는 이미 왔다

already 벌써, 이미
come (어떤 위치나 장소에) 다다르다, 오다, come-came-come

'Tis Grace / that brought me / safe / thus far,
이것은 은혜다 / 나를 이끌어준(것은) / 안전하게 / 지금까지

'Tis [티스] = it is
brought bring(가져오다, 데려오다, 이끌다)의 과거, bring-brought-brought
safe 안전한 ▶ safety 안전
thus far 이제까지, 여태까지 (= so far)
It is A that B (강조의 표현으로) B 한 것은 바로 A 이다

And grace   / will lead   / me / home.

그리고 은혜는 / 이끌 것이다 / 나를 / 본향으로

lead 안내하다, 이끌다(lead-led-led), 선두, 앞섬 ▶ leader 지도자
home 본향(천국), 안식처, 고향, 가정, 집
▶ 속담 However humble it may be, there is no place like home 아무리 누추해도 집만 한 곳
은 없다

When we' been there / ten thousand years

우리가 거기에서 있었을 때 / 만년(동안)

we' been = we have been
there 거기
thousand 천, 1000 ▶ ten thousand years 만년

Bright shining / as the sun,

밝게 빛나면서 / 태양처럼

bright 밝은, 환한, 밝게, 환하게 ▶ bright color 밝은 색
shining 빛나면서, 빛나는, 반짝이는, 밝은 ▶ a shining future 빛나는 미래
▶ shine 빛나다 shine-shone-shone
as ~ ~처럼

We've no less days / to sing God's Praise / than when we first begun

우리는 적지 않은 날들을 가지고 있네 / 하나님의 찬송을 부를 / 우리가 처음
시작했을 때 보다

we've = we have
no less 적지 않게
▶ I have no less than 100,000 won 나는 10만원이나(as much as) 있어
↔ I have no more than 100,000 won 나는 겨우(only) 10만원 있어
▶ I have not less than 100,000 won 나는 적어도(at least) 10만원 있어
↔ I have not more than 100,000 won 나는 많아야(at most) 10만원 있어
praise 찬양, 칭찬, 찬양하다, 칭찬하다 / songs of praise 찬송가
▶ Praises can make even a whale dance 칭찬은 고래까지도 춤추게 한다
than ~ 보다
begun 시작하다(begin)의 과거분사, begin-began-begun

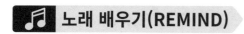 노래 배우기(REMIND)

아래와 같이 앞서 배웠던 단어나 문구의 뜻을 말해보고 각자 문장을 만들어 보세요!!

Amazing grace! How sweet the sound

amazing _대단히 놀라운_ ▶ amaze _대단히 놀라게 하다_
grace _은혜_ ▶ grace of God _신의 은혜_
how ▶ How old are you?
sweet ▶ bitter ▶ salty
sound ▶ sound of bell
▶ sound body
▶ 속담 A sound mind in a sound body

That saved a wretch like me!

save(= rescue)
wretch ▶ poor wretch
like ~ ▶ like me

I once was lost, but now am found

once
lost ↔ found
▶ lost and found
now ▶ past ▶ future
now am found = now ＿＿＿ am found

Was blind, but now I see

mighty ▶ mighty
was blind = was blind
blind ▶ 속담 Avarice blind our
see (see - ＿＿＿ - ＿＿＿)

'Twas grace that taught my heart to fear,

taught _____ **(teach-taught-** _____ **)**
heart ▶ heartbeat _____
fear _____
　▶ Fear of the Lord is the beginning of the knowledge _____

And grace, my fears relieved;

relieve _____

How precious did that grace appear

precious _____
appear _____ ▶ appearance _____
　▶ 속담 Never judge someone by their _____

Through many dangers, toils and snares

hour _____ ▶ rush hour _____ ▶ zero hour _____
first _____ ▶ first fruit _____

He is faithful

through _____ ▶ I can do everything _____ him who gives me strength
danger _____ ▶ dangerous _____
toil _____
snare(=trap) _____

We have already come;

already _____
come _____

'Tis Grace that brought me safe thus far,

brought _____ **(bring-** _____ **-** _____ **)**
safe _____ ▶ safety _____
thus far(= so far) _____
It is A that B _____

And grace will lead me home.

lead _____ (lead- _____ - _____)
home _____
▷ 속담 However _____ it may be, there is no place like home

When we' been there ten thousand years

there _____
thousand _____ ▷ ten thousand years _____

Bright shining as the sun,

bright _____ ▷ bright color _____
shining _____ ▷ a shining future _____ ▷ shine _____
as _____

We've no less days to sing God's Praise than when we first begun

no less than _____
▷ I have no less than 100,000 won _____
↔ I have no _____ than 100,000 won
▷ I have not less than 100,000 won _____
↔ I have not more than 100,000 won _____
praise _____ ▷ songs of praise _____
▷ 속담 Praises can make even a _____ dance
begun _____ (begin - _____ - begun)

🎵 영한번역

Amazing grace! How sweet the sound
That saved a wretch like me!

놀라운 은혜! 그 소리가 얼마나 달콤한지
그것은 나와 같은 몹쓸 사람(불쌍한 사람)을
구했네

I once was lost, but now am found

나는 한때 (길을) 잃어 버렸으나, 지금은
찾았네

Was blind, but now I see

나는 눈이 멀었었네, 그러나 지금 나는 보네

'Twas grace that taught my heart to fear,

나의 마음에 두려움을 가르쳐 준 것은
은혜였습니다

And grace, my fears relieved;

그리고 은혜(였네), 나의 두려움을
덜어준(것은)

How precious did that grace appear
The hour I first believed!

그 은혜가 나타난 것이 얼마나 귀중한지
(얼마나 귀중한지) 내가 처음 믿었던 순간!

Through many dangers, toils and snares,
We have already come;
'Tis Grace that brought us safe thus far,

많은 위험들, 힘든 일들, 함정들을 겪으며
우리는 이미 (본향, 천국에) 도달했네
이제까지 우리를 안전하게 이끌었던 것은
은혜이네

And grace will lead us home.

그리고 은혜는 우리를 본향(아버지의 집,
천국)으로 인도할 것이네

When we' been there ten thousand years
Bright shining as the sun,
We've no less days to sing God's Praise

우리가 거기에서 만년동안(영원토록) 있을 때
태양처럼 밝게 빛나면서
우리에게는 하나님의 찬양을 노래할 수 있는
날들이 적지 않네

Than when we first begun

우리가 처음 시작했을 때 보다

※ 상기 번역은 영어공부를 위한 해석(직역)이며 공인된 한글 번역곡(가사)은 아님을 알려드립니다.

✝ 성경말씀

앞서 배운 영어찬양과 관련된 성경말씀을 알아봅시다!!

John testifies concerning him. He cries out, saying, "This was he of whom I said, 'He who comes after me has surpassed me because he was before me.' "
From the fullness of his grace we have all received one blessing after another.
For the law was given through Moses; grace and truth came through Jesus Christ. (John 1:15~17)

요한이 그에 대하여 증언하여 외쳐 이르되 내가 전에 말하기를 내 뒤에 오시는 이가 나보다 앞선 것은 나보다 먼저 계심이라 한 것이 이 사람을 가리킴이라 하니라
우리가 다 그의 충만한 데서 받으니 은혜 위에 은혜러라
율법은 모세로 말미암아 주어진 것이요 은혜와 진리는 예수 그리스도로 말미암아 온 것이라 (요한복음 1:15~17)

But by the grace of God I am what I am, and his grace to me was not without effect. No, I worked harder than all of them--yet not I, but the grace of God that was with me. (1 Corinthians 15:10)

그러나 내가 나 된 것은 하나님의 은혜로 된 것이니 내게 주신 그의 은혜가 헛되지 아니하여 내가 모든 사도보다 더 많이 수고하였으나 내가 한 것이 아니요 오직 나와 함께 하신 하나님의 은혜로라 (고린도전서 15:10)

who has saved us and called us to a holy life--not because of anything we have done but because of his own purpose and grace. This grace was given us in Christ Jesus before the beginning of time. (2 Timothy 1:9)

하나님이 우리를 구원하사 거룩하신 소명으로 부르심은 우리의 행위대로 하심이 아니요 오직 자기의 뜻과 영원 전부터 그리스도 예수 안에서 우리에게 주신 은혜대로 하심이라 (디모데후서 1:9)

For the wages of sin is death; but the gift of God is eternal life through Jesus Christ our Lord (Romans 6:23, KJV)

죄의 삯은 사망이요 하나님의 은사는 그리스도 예수 우리 주 안에 있는 영생이니라(로마서 6:23)

In him we have redemption through his blood, the forgiveness of sins, <u>in accordance with the riches of God's grace</u>. (Ephesians 1:7)

우리는 그리스도 안에서 <u>그의 은혜의 풍성함을 따라</u> 그의 피로 말미암아 속량 곧 죄 사함을 받았느니라 (에베소서 1:7)

But because of his great love for us, God, who is rich in mercy, made us alive with Christ even when we were dead in transgressions--<u>it is by grace you have been saved.</u> (Ephesians 2:4~5)

긍휼이 풍성하신 하나님이 우리를 사랑하신 그 큰 사랑을 인하여 허물로 죽은 우리를 그리스도와 함께 살리셨고   (<u>너희는 은혜로 구원을 받은 것이라</u>) (에베소서 2:4~5)

For it is by grace you have been saved, through faith--and this not from yourselves, it is the gift of God. (Ephesians 2:8)

너희는 그 은혜에 의하여 믿음으로 말미암아 구원을 받았으니 이것은 너희에게서 난 것이 아니요 하나님의 선물이라 (에베소서 2:8)

And everyone who calls on the name of the Lord will be saved. (Acts 2:21)

누구든지 주의 이름을 부르는 자는 구원을 받으리라 하였느니라 (사도행전 2:21)

(John 1:15) **surpass** ~ ~를 넘어서다(능가하다)

(Ephesians 1:7) **in accordance with** ~ (= according to ~) ~에 따라, ~에 일치하여

(Ephesians 2:5) **transgression** 허물, 범죄

(Acts 2:21) **call on** ~ ~를 부르다, ~를 방문하다

🧑‍💻 성경 말씀(REMIND)

앞서 배운 성경말씀을 소리 내어 읽어보고 해석해 보세요!!

John testifies concerning him. He cries out, saying, "This was he of whom I said, 'He who comes after me has surpassed me because he was before me.' "
From the fullness of his grace we have all received one blessing after another.
For the law was given through Moses; grace and truth came through Jesus Christ. (John 1:15~17)

But by the grace of God I am what I am, and his grace to me was not without effect. No, I worked harder than all of them--yet not I, but the grace of God that was with me. (1 Corinthians 15:10)

who has saved us and called us to a holy life--not because of anything we have done but because of his own purpose and grace. This grace was given us in Christ Jesus before the beginning of time. (2 Timothy 1:9)

In him we have redemption through his blood, the forgiveness of sins, in accordance with the riches of God's grace. (Ephesians 1:7)

But because of his great love for us, God, who is rich in mercy, made us alive with Christ even when we were dead in transgressions--it is by grace you have been saved. (Ephesians 2:4~5)

For it is by grace you have been saved, through faith--and this not from yourselves, it is the gift of God. (Ephesians 2:8)

And everyone who calls on the name of the Lord will be saved.' (Acts 2:21)

Puzzle 9

' AMAZING GRACE ' 에서 배웠던 단어들로 퍼즐(puzzle)을 완성해 봅시다!

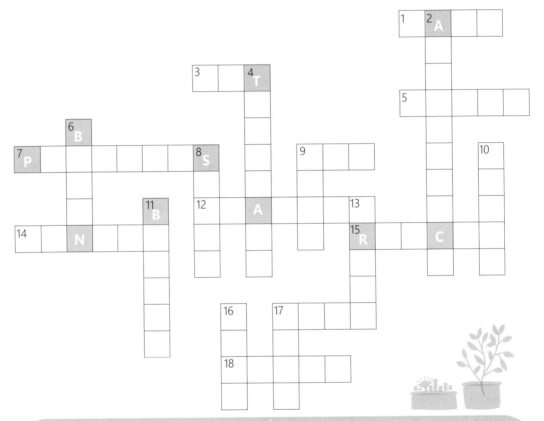

Across_가로

1. 안전한
3. 그러나, ↔ and
5. 가르치다, ↔ learn
7. 귀중한, 소중한, my ___
9. 열, 10
12. (대단히, 매우) 놀라운, 놀랄만한
14. 위험
15. 구조하다 (=save)
17. 집, 고향, 가정, 본향
    However humble it may be, there is no place like ___
18. 소리, 음향, 건강한, 건전한

Down_세로

2. 나타남, 외모
   Never judge someone by their ___
4. 천, 1000
6. 시작하다
8. 덫(=trap), 올무, 올가미, 유혹
9. 수고, 고역, 힘든 일
10. 달콤한, ___ potato(고구마)
11. 밝은, 환한, 밝게, 환하게
13. 은혜, 은총, 우아함, 품위, 예의, 식전 기도
16. (길을, 물건을) 잃어버린,
    ___ and found (분실물 보관소)
17. 시간, rush ___ 출퇴근 혼잡한 시간

정답은 책의 뒤편에서 확인하세요

MEMO

10th
There is none like You *

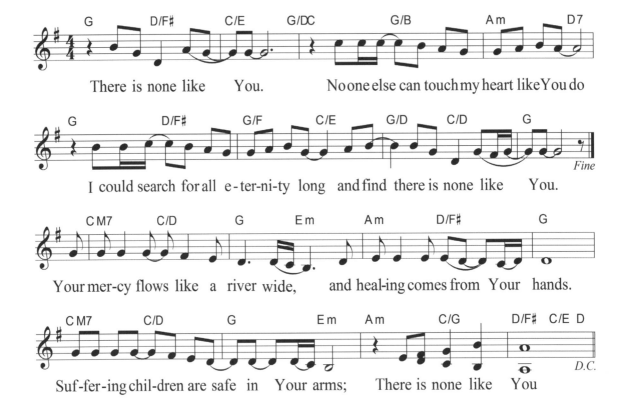

There is none like You.　No one else can touch my heart like You do

I could search for all e-ter-ni-ty long and find there is none like You.

Your mer-cy flows like a river wide, and heal-ing comes from Your hands.

Suf-fer-ing chil-dren are safe in Your arms; There is none like You

◇ QR코드를 스캔하여 유튜브로 들어보세요!!

◇ 유튜브(www.youtube.com) 검색창에 아래와 같이 입력하고 돋보기를 클릭해도 됩니다.

| there is none like you lenny leblanc | 🔍 |

* <주님과 같이>
O.T. : There Is None Like You / O.W. : Lenny Leblanc
O.P. : Integrity's Hosanna! Music / S.P. : Universal Music Publishing Korea, CAIOS
Adm. : Capitol CMG Publishing / All rights reserved. Used by permission.

There is none like You
No one else can touch my heart like You do
I could search for all eternity long
And find there is none like You

(Refrain) There is none like You
No one else can touch my heart like You do
I could search for all eternity long
And find there is none like You

Your mercy flows like a river wide,
And healing comes from Your hands
Suffering children are safe in Your arms
There is none like You

Refrain × 2

I could search for all eternity long
And find there is none like You

There is none,

There is none,

There is none like You

🎤 노래 알아보기

'주님과 같이'로 번안되어 우리나라에서도 널리 불리고 있는 이곡은 미국의 찬양사역자 레니 르블랑(Lenny LeBlanc, 1951~)이 작사·작곡 하였습니다. 르블랑은 그의 친구인 피트 카(Pete Carr)와 같이 르블랑 앤 카(LeBlanc & Carr)라는 그룹으로 'Falling'이라는 곡을 히트시키며 70년대 후반 엄청난 인기를 누렸습니다. 그런데 1980년 어느 날 밤 한때 마약밀매업자였던 그의 친한 친구가 찾아와 그에게 이렇게 말했다 합니다.

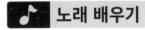

"레니 나는 구원을 받았고 천국에 갈 거야. 나는 너도 나와 함께 천국에 가길 원해. 너는 구원받았니?"
"Lenny, I got saved. and I'm going to heaven. I want you to be there with me. Are you saved?"

레니는 생각할 틈도 없이 "Yes" 라고 답했고, 얼마 후 친구는 레니에게 성경책을 보내주었다 합니다. 레니는 그로부터 몇 주 동안 하나님께서 지극하신 사랑을 자신에게 보여주심을 느끼며 자신의 이기적이고 깊이 없던 삶에 대해 깨닫게 되고 하나님 앞에서 울며 자비와 용서를 구했다 합니다.

그로부터 레니는 그동안의 팝음악에서의 성공적인 경력을 내려놓고 예수님 안에서 발견한 믿음에 관한 곡을 작곡하며 찬양 리더로 활동하기 시작했으며 이곡과 Above All(우리나라 번안곡 이름으로는 '모든 능력과 모든 권세') 등 유명한 곡을 다수 남기며 꾸준한 활동을 하고 있습니다.

한국에도 돈 모엔 목사님과 함께 1999년도에 방문하여 여의도에서 5만여 명의 청중 앞에서 통일워십콘서트 공연을 하였는데 청중들이 이 곡의 한국어 버전인 '주님과 같이'를 불렀고 여기에 레니는 크게 놀라고 감동을 받았다고 합니다.

♪ 노래 배우기

There is none / like You
아무도 없습니다 / 당신과 같은(이는)

there 저기 ▶ there is ~ ~이 있다
none 아무도(~않다), 전혀~아니다
like ~처럼, ~와 같이, 좋아하다 ▶ He is like a tree 그는 나무와 같다

No one else can touch / my heart / like / You do
아무도 만질 수 없습니다 / 나의 마음(을) / ~처럼 / 당신이 그렇게 하는(것)

else 또 다른
  ▶ anything else 그밖에 무언가 ▶ something else 무언가 다른 중요한 것
can 가능하다(=be able to)
touch 만지다, 건드리다
heart 심장, 마음
like you do 여기서 do는 touch의 의미입니다, 당신이 그렇게 하는 것처럼

I could search for   / all eternity   / long
나는 찾을 수 있었습니다 / 모든 영원한 것(을) / 오랫동안

search for ~ ~를 찾다 ▶ seek 찾기, 찾다, 추구하다 ▶ hide and seek 숨바꼭질
eternity 영원, 오랜 시간 ▶ eternal 영원한 ▶ eternal life 영생
long 오랫동안

And find,   / there is none / like You
그리고 알았습니다, / 아무도 없습니다 / 당신과 같은(이는)

find (우연히) 찾다 ▶ find out 발견하다, 알아내다, 간파하다
none (=no one) 아무도

Your mercy   / flows   / like a river wide
당신의 자비(가) / 흐릅니다 / 넓은 강물처럼

mercy 자비 ▶ works of mercy 자선행위 ▶ it's a mercy 다행이다
▶ merciful 자비로운
flow (물 등의)흐름, 흐르다, 몰입
river 강, 하천 ▶ stream 시내, 개울
wide 넓은 ▶ width 폭 ▶ river wide = wide river 넓은 강

And   / healing / comes / from Your hand
그리고 / 치유(가) / 나옵니다 / 당신의 손으로 부터

healing 치유 ▶ heal 치료하다(=cure)
come from ~ ~로부터 오다

Suffering children / are safe / in Your arms
고통 받는 아이들은 / 안전합니다 / 당신의 팔 안에서

suffering 고통(고난)받고 있는, 고통, 고난
▶ suffer 고통받다, 시달리다, (안좋은 것을)겪다
children 아이들 ▶ child 아이
safe 안전한 ▶ safety 안전
arm 팔, 무기, 무장
▶ God who arms me with strength 힘으로 나를 무장시키시는 하나님

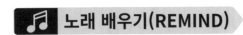 **노래 배우기(REMIND)**

아래와 같이 앞서 배웠던 단어나 문구의 뜻을 말해보고 각자 문장을 만들어 보세요!!

There is none like You

there   _저기_   ▶ there is ~   _~ 이 있다_
none   _아무도_
like   _~ 처럼_   ▶ He is like a tree   _그는 나무와 같다_

No one else can touch my heart like You do

else   ▶ anything else   ▶ something else
 can(=be able to)
lord
touch
heart
like you   ▶ like you do

I could search for all eternity long

search for   ▶ seek   ▶ hide and seek
eternity   ▶ eternal   ▶ eternal life
long

And find, there is none like You

find   ▶ find out
none(=no one)

Your mercy flows like a river wide

mercy   ▶ merciful
   ▶ works of mercy   ▶ it's a mercy
flow
river   ▶ stream
wide   ▶ width

And healing comes from Your hands

healing _____ ▶ heal(=cure) _____
come from _____

Suffering children are safe in Your arms

suffering _____ ▶ suffer _____
children _____ ▶ child _____
safe _____ ▶ safety _____
arm _____ ▶ God who arms me with strength _____

🎧 영한번역

There is none like You	당신과 같은 분은 없습니다
No one else can touch my heart like You do	아무도 당신(이 그러는 것)처럼 내 마음을 만지는 분은 없습니다
I could search for all eternity long	나는 오랫동안 모든 영원한 것(을)찾을 수 있었습니다
And find there is none like You.	그리고 알았습니다 당신과 같은 분은 없다는 것을
(Refrain) There is none like You	(후렴) 당신과 같은 분은 없습니다
No one else can touch my heart like You do	아무도 당신(이 그러는 것)처럼 내 마음을 만지는 분은 없습니다
I could search for all eternity long	나는 오랫동안 모든 영원한 것(을)찾을 수 있었습니다
And find there is none like You	그리고 알았습니다 당신과 같은 분은 없다는 것을
Your mercy flows like a river wide,	당신의 자비가 넓은 강물과 같이 흐릅니다
And healing comes from Your hands	그리고 치유가 당신의 손으로부터 옵니다
Suffering children are safe in Your arms	고통받는 아이들은 당신의 팔안에서 안전합니다
There is none like You	당신과 같은 분은 없습니다
When we' been there ten thousand years	우리가 거기에서 만년동안(영원토록) 있을 때
Bright shining as the sun,	태양처럼 밝게 빛나면서
We've no less days to sing God's Praise	우리에게는 하나님의 찬양을 노래할 수 있는 날들이 적지 않네
Than when we first begun	우리가 처음 시작했을 때 보다
Refrain	후렴
Refrain	후렴
I could search for all eternity long	나는 오랫동안 모든 영원한 것을 찾을 수
And find there is none like You	있었습니다 그리고 찾았습니다 당신과 같은 분은 없다는 것을
There is none,	아무도,
There is none,	아무도,
There is none like You.	당신과 같은 분은 없습니다

※ 상기 번역은 영어공부를 위한 해석(직역)이며 공인된 한글 번역곡(가사)은 아님을 알려드립니다.

✝ 성경말씀

앞서 배운 영어찬양과 관련된 성경말씀을 알아봅시다!!

Hear my prayer, O LORD; listen to my cry for mercy.
In the day of my trouble I will call to you, for you will answer me.
Among the gods there is none like you, O Lord; no deeds can compare with yours. (Psalm 86:6~8)

여호와여 나의 기도에 귀를 기울이시고 내가 간구하는 소리를 들으소서
나의 환난 날에 내가 주께 부르짖으리니 주께서 내게 응답하시리이다
주여 신들 중에 주와 같은 자 없사오며 주의 행하심과 같은 일도 없나이다. (시편 86:6~8)

O Lord, "There is no one like you, O LORD, and there is no God but you, as we have heard with our own ears. (1 Cronicles 17:20)

여호와여 우리 귀로 들은 대로는 주와 같은 이가 없고 주 외에는 하나님이 없나이다. (열왕기상 17:20)

"How great you are, Sovereign LORD! There is no one like you, and there is no God but you, as we have heard with our own ears. (2 Samuel 7:22)

그런즉 주 여호와여 이러므로 주는 위대하시니 이는 우리 귀로 들은 대로는 주와 같은 이가 없고 주 외에는 신이 없음이니이다. (사무엘하 7:22)

No one is like you, LORD; you are great, and your name is mighty in power. (Jeremiah 10:6)

여호와여 주와 같은 이 없나이다 주는 크시니 주의 이름이 그 권능으로 말미암아 크시니이다. (예레미아 10:6)

His mercy extends to those who fear him, from generation to generation. (Luke 1:50)

긍휼하심이 두려워하는 자에게 대대로 이르는도다 (누가복음 1:50)

Praise be to the God and Father of our Lord Jesus Christ! In his great mercy he has given us new birth into a living hope through the resurrection of Jesus Christ from the dead (1 Peter 1:3)

우리 주 예수 그리스도의 아버지 하나님을 찬송하리로다 그의 많으신 긍휼대로 예수 그리스도를 죽은 자 가운데서 부활하게 하심으로 말미암아 우리를 거듭나게 하사 산 소망이 있게 하시며 (베드로전서 1:3)

🔊 성경 말씀(REMIND)

앞서 배운 성경말씀을 소리 내어 읽어보고 해석해 보세요!!

Hear my prayer, O LORD; listen to my cry for mercy.
In the day of my trouble I will call to you, for you will answer me.
Among the gods there is none like you, O Lord; no deeds can compare with yours. (Psalm 86:6~8)

O Lord, "There is no one like you, O LORD, and there is no God but you, as we have heard with our own ears. (1 Cronicles 17:20)

"How great you are, Sovereign LORD! There is no one like you, and there is no God but you, as we have heard with our own ears. (2 Samuel 7:22)

No one is like you, LORD; you are great, and your name is mighty in power. (Jeremiah 10:6)

His mercy extends to those who fear him, from generation to generation. (Luke 1:50)

Praise be to the God and Father of our Lord Jesus Christ! In his great mercy he has given us new birth into a living hope through the resurrection of Jesus Christ from the dead (1 Peter 1:3)

Puzzle 10

' THERE IS NONE LIKE YOU ' 에서 배웠던 단어들로 퍼즐(puzzle)을 완성해 봅시다!

Across_가로

- **3** 치료하다(=cure)
- **6** 자비, it's a ____ 다행이다
- **7** 강, 하천
- **8** 영원한, ____ life 영생
- **12** 넓은 ↔ narrow
- **14** 주님, 군주

Down_세로

- **1** 아이들
- **2** 만지다, 건드리다
- **4** 팔, 무기, 무장
- **5** 시내, 개울, 흐름
- **9** (=no one) 아무도, 노래 제목에서 찾아보세요
- **10** ~ 처럼, ~ 와 같이, 좋아하다
- **11** 찾다, 발견하다
- **13** (물 등의)흐름, 흐르다, 몰입

정답은 책의 뒤편에서 확인하세요

Hear Our Praises*

* <거리마다 기쁨으로 (Hear Our Praises)>
Words and Music by Reuben Morgan © 1998 Hillsong Music Publishing Australia
(admin in Korea by Universal Music Publishing/ CAIOS)

Hal - le - lu - jah! Hal - le - lu - jah! Hal - le -

lu - jah! Hal - le - lu - jah! Hal - le -

From the air

May our homes be filled with dancing
May our streets be filled with joy.
May injustice bow to Jesus
as the people turn to pray.

From the mountains to the valleys
hear our praises rise to You,
From the heavens to the nations
hear our singing fill the air.

May Your light shine in the darkness
as we walk before the cross
May Your glory fill the whole earth
as the water over the seas.

From the mountains to the valleys
hear our praises rise to You,
From the heavens to the nations
Hear our singing fill the air. [x2]

Hallelujah.Hallelujah [x12]

From the mountains to the valleys
hear our praises rise to You,
From the heavens to the nations
Hear our singing fill the air. [x3]

🎤 **노래 알아보기**

이 곡도 'Still'을 작곡한 루벤 모건(Reuben Morgan) 목사님이 작곡하셨습니다. 열 살 때까지 파푸아뉴기니의 아름답고 노래를 좋아하는 환경에서 자란 모건 목사님은 초등학교 때부터 이미 작곡을 했고 호주 멜버른 고등학교 재학 시절에는 1년 정도 학교를 쉬면서 하루에 11시간씩 기타

연습을 했다 합니다. 고등학교 졸업 후에는 시드니로 가서 'Australian Institute of Music'에서 재즈 기타를 공부했습니다. 그의 꿈은 원래 기타리스트였는데 어린 시절에 작곡가이고 예배 인도자이며 목사인 자신을 상상한 적은 없었다고 합니다. 모건 목사님은 현재 영국에서 Hillsong Church의 사역을 하고 있으며 남아프리카의 고아들을 위한 사역 또한 하고 계십니다.
 하늘로부터 땅 끝까지, 산으로부터 계곡까지, 온 세상이 기쁨과 기도로 넘치는 신나는 모습을 상상하며 이곡을 들어 봅시다.

 < 예배곡 작곡가(Worship Songwriter)들에게 루벤 모건 목사님이 주시는 조언은 다음과 같습니다>

Q) As a worship songwriter, what would you say are your best "tips" when it comes to writing for the Body?
예배 작곡가로서, 지체들을 위한 곡을 작곡할 때 팁을 알려주신다면?

A) First I would say that you need to be dependent on God for inspiration. As a worship songwriter we need to make sure that our heart is towards God; that we're seeking Him for what He wants to say to the Church and what He's wanting to say to us.
우선 영감을 얻기 위해 하나님께 의지하세요~

Another tip would be to base everything that you're doing for worship songs on the Bible. Make your songs paraphrases of the Bible but make them fresh. You don't always have to directly quote scripture, but do make sure that you're saying what the Bible says.
또 다른 팁은 예배곡을 위해 당신이 하고 있는 모든 것을 성경에 근거하여 하시길~

And thirdly I would say just work on your craft. There are no shortcuts. Like anything else, if you want to keep writing songs long-term and you want longevity in your songwriting you need to work on your craft and get good at it.
그리고 세 번째로 제가 하고 싶은 말은 당신의 재능을 연마하세요. 지름길은 없습니다~

♪ 노래 배우기

May   / our homes   / be filled with dancing
허락 하소서 / 우리의 가정들이 / 춤으로 채워지도록

May ~ 하소서(허락 하소서) ▶ May I eat your bread? (=Can I eat your bread?) 당신의 빵을 먹어도 될까요?, 여기서 May는 Can 보다 공손한 표현입니다
home 집, 고향, 가정
  ▶ homeless 집 없는 ▶ homeless people 집 없는 사람(=노숙자)
  ▶ 속담 However humble it may be, there is no place like home 아무리 누추해도 집만 한 곳은 없다
fill 채우다 ▶ be filled with ~ ~로 채워지다 ▶ My heart is filled with joy 내 마음은 기쁨으로 채워져 있다
dancing 춤 ▶ dance 춤추다

May   / our streets   / be filled with dancing
허락하소서 / 우리의 거리들이 / 춤으로 채워지도록

street 거리, 차도(↔ 인도 = footpath, sidewalk)

May / injustice / bow to Jesus
하소서 / 불법이 / 예수님께 항복하도록

justice 정의 ↔ injustice 불법, 부정 ▶ justice앞에 있는 in은 다른 단어 앞에 붙어서 반대의 의미를 나타낼 때 자주 쓰이는 접두사입니다
bow 인사하다, 고개를 숙이다, 항복하다, 굴복하다 ▶ attention-bow 차려(집중) - 경례(인사)

as   / the people / turn to pray.
~ 할 때 / 사람들이   / 기도하기위하여 돌아서는

as ~ ~ 할때(=when), ~하면서, ~하므로
people 사람들(사람이 아니고 사람들로 번역합니다)
turn 돌다, 여기서는 '(잘못된 것으로 부터) 돌아서다 = 회개하다'의 의미입니다
  ▶ turn from evil way 악한 길로 부터 돌아서라
  ▶ turn은 명사로 '행위'라는 의미도 있습니다 속담 One good turn deserves another 하나의 좋은 행위는 다른 좋은 행위로 보상 받는다, (선행을 한 사람은 다른 선행을 받을 만한 자격이 있다)
pray 기도하다 ▶ prayer 기도

From the mountains / to the valleys
산들로부터　　　/ 계곡까지

from A to B A로부터 B까지
mountain 산 ▶ mountain moving faith 산을 움직이는 믿음
valley 계곡, 골짜기

hear　/ our praises　/ rise to You,
들으소서 / 우리의 찬양들이 / 당신에게 올라감을

hear 듣다 ▶ listen은 공부나 강의에 집중해서 듣다
▶ Do you hear me 내 소리 들리니(전화 통화 등에서 잘 안 들리는 것 같을 때)
▶ Listen to me 내가 하는 소리 (집중해서 잘) 들어
praise 찬양, 칭찬
rise 올라가다, 떠오르다 ▶ Our praises rise 우리의 찬양이 올라간다
▶ The sun rise 해가 떠오른다

From the heavens / to the nations
하늘로부터　　　/ 나라들 까지

heaven 하늘, 천국, 낙원
nation 국가, 국민, 나라, 민족

hear　/ our singing　/ fill the air
들으소서 / 우리의 노래가 / 하늘을 채움을

singing 노래(=song) ▶ sing 노래하다
fill 채우다 ▶ be filled with ~ ~로 채워진
air 공중, 하늘, 대기, 공기

May　/ Your light　　/ shine in the darkness
허락하소서 / 당신(하나님)의 빛이 / 어둠안에서 빛나도록

light 빛 ↔ **darkness** 어둠
shine 빛나다 ▶ sunshine 햇살, 햇빛
▶ 속담 Make hay while the sun shines 해가 화창할(빛날) 때 풀을 말려라

as we walk   / before the cross
우리가 걸어갈 때 / 십자가 앞을

before ~앞에, ~(하기)전에
cross 십자가 ▶ crossword puzzle 십자 낱말 퍼즐

May   / Your glory / fill the whole earth
허락하소서 / 당신의 영광이 / 모든 세상을 채우도록

glory 영광, 영애, 찬양 ▶ glorious 영광스러운 ▶ glorify 영광을 더하다, 찬송하다
whole 빈틈없이 모두, 완전히 ▶ all 모든 ▶ every 예외 없이 모든
earth 지구, 땅 ↔ **heaven** 천국, 하늘

as   / the water / over seas
~처럼(~하듯이) / 물   / 바다 위

water 물 ▶ ice 얼음 ▶ vapor 수증기
over 위쪽에, 위편에 ▶ bridge over the river 강 위에 다리

📖 Mini 문법 (수동태)

수동태를 알아봅시다. **수동태**는 주어(동작의 주체) 보다 **목적어**를 **강조**할 때 쓰이므로 목적어로 문장이 시작됩니다.
(능동태) 주어+동사+**목적어** → (수동태) **목적어**+be 동사+과거분사+(by+주어)
목적어가 없는 1,2 형식 문장은 당연히 수동태를 만들 수 없고, 목적어가 있는 3,4,5형식 문장만 수동태로 만들 수 있습니다.

	능동태	수동태
1형식 (주어+동사)	We walk 우리는 걷는다 The sun rise 해가 떠오른다	x (1형식은 수동태 없음)
2형식 (주어+동사+보어)	You are light 당신은 빛이다 He became rich 그는 부자가 되었다	x (2형식도 수동태 없음)
3형식 (주어+동사+목적어)	He loves me 그는 나를 사랑한다	I am loved by him 나는 사랑받는다 그에 의해
	Your glory fill the whole earth 당신의 영광이 모든 지구를 채운다	The whole earth is filled with* your glory 모든 지구가 채워진다 당신의 영광으로
4형식 (주어+동사+ 간접목적어+ 직접목적어)	He gave me pleasure 그는 나에게 기쁨을 주었다	I was given pleasure by him 나에게 기쁨이 주어졌다 그에 의해 Pleasure was given to me by him 기쁨이 나에게 주어졌다 그에 의해
5형식 (주어+동사+ 목적어+ 목적격보어)	He made me happy 그는 나를 행복하게 만들었다	I was made happy by him 나는 행복해 졌다 그에 의해
	He called me Jim (instead of James) 그는 나를 짐이라 불렀다 (제임스라는 이름 대신에)	I was called Jim by him 나는 짐이라 불렸다 그에 의해

* 수동태를 만들 때는 통상 'by+주어'가 사용되나, fill과 같이 몇 몇 동사는 by 대신 with, of, in, as, for 등이 관용적으로 사용되는 경우가 있습니다.
be covered with ~ 로 덮여 있다, The mountain is covered with snow
be composed of ~ 로 이루어지다, The book is composed of four chapters
be interested in ~ 에 관심이 있다, She is interested in Korean culture
be known as ~ 로서 알려져 있다, This pasta is also known as angel hair
be known for ~ 때문에 알려져 있다, Einstein is known for his theory of relativity

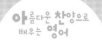

🎵 노래 배우기(REMIND)

아래와 같이 앞서 배웠던 단어나 문구의 뜻을 말해보고 각자 문장을 만들어 보세요!!

May our homes be filled with dancing

May ___~ 하소서(허락하소서)___ ▶ May I eat your bread? (= _Can_ I eat your bread?)

home _____ ▶ homeless _____

▶ homeless people _____

▶ 속담 However humble it may be, there is no place like home

fill _____ ▶ be filled with ~ ~ _____

▶ My heart is filled with joy _____

dancing _____ ▶ dance _____

May our streets be filled with dancing

street _____ (↔ _____ = **footpath**, _____)

May injustice bow to Jesus

justice _____ ↔ **injustice**

bow _____ ▶ attention-bow _____ –

as the people turn to pray.

as ~ ~ _____ (**=when**), ~ _____, ~

people _____

turn _____ ▶ turn from evil way _____

▶ 속담 One good turn deserves another _____

pray _____ ▶ prayer

From the mountains to the valleys

from A to B _____

mountain _____ ▶ mountain moving faith _____

valley _____

hear our praises rise to You,

hear   ▶ listen
praise
rise   ▶ Our Praises rise
  ▶ The sun rise

hear our singing fill the air.

singing (=song) ▶ sing   ▶ suffer
fill   ▶ be filled with ~ ~
air

May Your light shine in the darkness

light   ↔ **darkness**
shine   ▶ sunshine
  ▶ 속담 Make hay while the sun shines

as we walk before the cross

before
cross   ▶ crossword puzzle

May Your glory fill the whole earth

glory   ▶ glorious   ▶ glorify
  ▶ Glory to God in the highest
whole   ▶ all   ▶ every
earth   ↔ **heaven**

as the water over seas

water   ▶ ice   ▶ vapor
over   ▶ bridge over the river

📖 Mini 문법(REMIND)

수동태를 만들어 봅시다.

	능동태	수동태
3형식 (주어+동사+목적어)	He loves me	*I am loved by him*
	Your glory fill the whole earth	
4형식 (주어+동사+ 간접목적어+ 직접목적어)	He gave me pleasure	*I* _____ *Pleasure* _____
5형식 (주어+동사+ 목적어+ 목적격보어)	He made me happy	
	He called me Jim	

by 대신 사용되는 전치사를 괄호 안에 넣어봅시다

be covered (   ) ~ 로 덮여 있다, The mountain is covered (   ) snow
be composed (   ) ~ 로 이루어지다, The book is composed (   ) four chapters
be interested (   ) ~ 에 관심이 있다, She is interested (   ) Korean culture
be known (   ) ~ 로서 알려져 있다, This pasta is also known (   ) angel hair
be known (   ) ~ 때문에 알려져 있다, Einstein is known (   ) his theory of relativity

📀 영한번역

May our homes be filled with dancing	우리의 가정들이 춤으로 채워지도록 허락하소서
May our streets be filled with joy	우리의 거리들이 춤으로 채워지도록 허락하소서
May injustice bow to Jesus	불법(정의롭지 않음)이 예수님께 항복하도록 허락하소서
as the people turn to pray	사람들이 기도하기 위하여 돌아설 때

From the mountains to the valleys 　　산들로부터 계곡까지
Hear our praises rise to You 　　우리의 찬양들이 당신에게 올라감을 들으소서
From the heavens to the nations 　　하늘로부터 나라들 까지
Hear our singing fill the air 　　우리의 노래가 하늘을 채움을 들으소서

May Your light shine in the darkness 　　당신의 빛이 어둠안에서 빛나도록 허락하소서
as we walk before the cross 　　우리가 십자가 앞을 걸어갈 때
May Your glory fill the whole earth 　　당신의 영광이 모든 세상을 채우게 하소서
as the water over seas 　　바다 위 물처럼

From the mountains to the valleys 　　산들로부터 계곡까지
Hear our praises rise to You 　　우리의 찬양들이 당신께 올라감을 들으소서
From the heavens to the nations 　　하늘로부터 나라들 까지
Hear our singing fill the air. [x2] 　　우리의 노래가 하늘을 채움을 들으소서

Hallelujah.Hallelujah [x12] 　　할렐루야 할렐루야

From the mountains to the valleys 　　산들로부터 계곡까지
Hear our praises rise to You 　　우리의 찬양들이 당신께 올라감을 들으소서
From the heavens to the nations 　　하늘로부터 나라들 까지
Hear our singing fill the air. [x3] 　　우리의 노래가 하늘을 채움을 들으소서

상기 번역은 영어공부를 위한 해석(직역)이며 공인된 한글 번역곡(가사)은 아님을 알려드립니다.

✚ 성경말씀

앞서 배운 영어찬양과 관련된 성경말씀을 알아봅시다!!

Let the wicked forsake his way and the evil man his thoughts. Let him <u>turn to the LORD</u>, and he will have mercy on him, and <u>to our God</u>, for he will freely pardon (Isaiah 55:7)

악인은 그의 길을, 불의한 자는 그의 생각을 버리고 여호와께로 돌아오라 그리하면 그가 긍휼히 여기시리라 우리 하나님께로 돌아오라 그가 너그럽게 용서하시리라 (이사야 55:7)

Shout with joy to God, all the earth!
Sing the glory of his name; make his praise glorious! (Psalm 66:1~2)

온 땅이여 하나님께 즐거운 소리를 낼지어다
그의 이름의 영광을 찬양하고 영화롭게 찬송할지어다 (시편 66:1~2)

Enter his gates with thanksgiving and his courts with praise; give thanks to him and praise his name.
For the LORD is good and his love endures forever; his faithfulness continues through all generations. (Psalm 100:4~5)

감사함으로 그의 문에 들어가며 찬송함으로 그의 궁정에 들어가서 그에게 감사하며 그의 이름을 송축할지어다
여호와는 선하시니 그의 인자하심이 영원하고 그의 성실하심이 대대에 이르리로다(시편 100:4~5)

Praise the LORD. Sing to the LORD a new song, his praise in the assembly of the saints.
Let Israel rejoice in their Maker; let the people of Zion be glad in their King.
<u>Let them praise his name with dancing</u> and make music to him with tambourine and harp. (Psalms 149: 1~3)

<u>할렐루야 새 노래로 여호와께 노래하며 성도의 모임 가운데에서 찬양할지어다</u>
이스라엘은 자기를 지으신 이로 말미암아 즐거워하며 시온의 주민은 그들의 왕으로 말미암아 즐거워할지어다 춤추며 그의 이름을 찬양하며 소고와 수금으로 그를 찬양할지어다 (시편 149: 1~3)

🔊 성경 말씀(REMIND)

앞서 배운 성경말씀을 소리 내어 읽어보고 해석해 보세요!!

Let the wicked forsake his way and the evil man his thoughts. Let him <u>turn to the LORD</u>, and he will have mercy on him, and <u>to our God</u>, for he will freely pardon (Isaiah 55:7)

Shout with joy to God, all the earth!
Sing the glory of his name; make his praise glorious! (Psalm 66:1~2)

Enter his gates with thanksgiving and his courts with praise; give thanks to him and praise his name.
For the LORD is good and his love endures forever; his faithfulness continues through all generations. (Psalm 100:4~5)

Praise the LORD. Sing to the LORD a new song, his praise in the assembly of the saints.
Let Israel rejoice in their Maker; let the people of Zion be glad in their King.
<u>Let them praise his name with dancing</u> and make music to him with tambourine and harp. (Psalms 149: 1~3)

Puzzle 11

'**HEAR OUR PRAISE**' 에서 배웠던 단어들로 퍼즐(puzzle)을 완성해 봅시다!

Across_가로

3. 빈틈없이 모두, 완전히
   (all 모든; every 예외 없이 모두)
4. 춤추다
6. 채우다, 가득차다
   _____ it up! 가득 채워!
8. 불법, 부정
   세로 9의 반대말
10. 거리, 차도(↔ 인도 = footpath, sidewalk)
    미국 뉴욕의 Wall _____
11. 지구, 땅 ↔ heaven 천국, 하늘

Down_세로

1. 인사(경례)하다, 고개를 숙이다, 항복하다,
   attention- _____
2. ~ 앞에, ~ (하기)전에 (↔ after)
5. 국가, 국민, 나라, 민족
7. 빛나다 ▶ sunshine 햇살, 햇빛
9. 정의
   가로 8의 반대말
12. 건초를 만드는 풀
    Make _____ while the sun shines

MEMO

12th You will never walk alone*

◇ QR코드를 스캔하여 유튜브로 들어보세요!!

◇ 유튜브(www.youtube.com) 검색창에 아래와 같이 입력하고 돋보기를 클릭해도 됩니다.

you will never walk alone point of grace

Along life's road
There will be sunshine and rain
Roses and thorns, laughter and pain
And 'cross the miles
You will face mountains so steep
Deserts so long and valleys so deep

Sometimes the Journey's gentle
Sometimes the cold winds blow
But I want you to remember
I want you to know

(Refrain) You will never walk alone
As long as you have faith
Jesus will be right beside you all the way
And you may feel you're far from home
But home is where He is
And He'll be there down every road
You will never walk alone

never, no never

The path will wind
And you will find wonders and fears
Labors of love and a few falling tears
Across the years
There will be some twists and turns
Mistakes to make and lessons to learn

Sometimes the journey's gentle
Sometimes the cold winds blow
But I want you to remember wherever you may go

Refrain

Jesus knows your joy,
Jesus knows your need
He will go the distance with you faithfully

You will never walk alone
He will be right beside you all the way
When you feel you're far from home
He'll be there down every road
Sometimes the Journey's gentle
Sometimes the cold winds blow
But I want you to remember
I want you to know

Refrain

never, no never
You never oh you never
never walk alone
you~

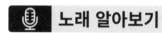 노래 알아보기

이곡은 로웰 알렉산더(Lowell Alexander)가 작곡하였고 여성 CCM 그룹인 Point of Grace가 불렀습니다.

Point of Grace는 아칸소(arkansas)주 아카델피아(Arkadelphia)의 우아치타 뱁티스트 대학(Ouachita Baptist University)에서 여성보컬그룹으로 활동하던 12명 중 3명이 1991년에 아카펠라 그룹을 결성하면서 시작되었습니다

1993년에 그룹 이름과 같은 이름의 앨범인 'Point of Grace'를 발표하며 정식으로 데뷔하였고 처음 멤버는 쉘리 브린(Shelley Breen), 데니스 존스(Denise Jones), 테리 존스(Terry Jones), 헤더 페인(Heather Payne)이었습니다. 이후 테리는 2003년에 셋째 아이 출산을 위해 은퇴하였고 테리를 대신하여 2004년에 새로운 멤버로 리 캐플리노(Leigh Cappillino)가 영입되었으며 2008년에는 헤더가 그녀의 네 아이와 시간을 더욱 보내고 가정을 돌보기 위해 은퇴하여 현재까지 쉘리, 데니스, 리 3인조 여성 트리오(trio)로 활동하고 있습니다.

Point of Grace는 93년 데뷔 이후 도브상(Dove award)을 5번이나 수상하였으며 이곡은 2001년 5월에 발표한 다섯 번째 정식 앨범인 'free to fly'에 수록된 곡입니다.

Point of Grace는 2002년부터 소녀들의 삶에 변화를 주고자 하는 소명으로 10대 소녀들을 삶을 바르게 이끌기 위한 세미나, 저술, 콘서트 등으로 이루어진 'Girls of Grace'라는 이름의 기독교 사역을 하고 있으며 기독교 아동 지원 단체인 컴패션(compassion international)에서 후원활동도 하고 있습니다.

along / life's road
따라서 / 인생의 길(을)

along ~을 따라서
life 인생, 삶, 생명 ▶ eternal life 영원한 생명
road 길 > path 비교적 좁은 길

There will be / sunshine and rain
있을 것입니다 / 햇살과 비(가)

there 거기 ↔ **here** 여기
There will be ~ : 거기에 ~이 있을 것이다
sunshine 햇살, 햇빛 ▶ sunny 화창한
　▶ 속담 Make hay while the sun shines 해가 화창할(빛날) 때 풀을 말려라
rain 비 ▶ rainy 비가 오는

Roses and thorns, laughter and pain
= (There will be) / roses and thorns / (There will be)   / laughter and pain
　(있을 것입니다) / 장미들과 가시들도 / (있을 것입니다) / 웃음과 아픔도

rose 장미(꽃)
thorn 가시 ▶ crown of thorns 가시관
　▶ 속담 No rose without thorn 가시 없는 장미는 없다
laughter 웃음 ▶ laugh 웃다
pain 아픔 ▶ painful 아픈 ▶ 속담 No pains, no gains 수고 없이 얻는 것이 없다

And 'cross the miles

'cross = across 건너서, 가로질러
mile 길이의 단위 ▶ 1 mile 은 약 1.6 km ▶ miles 긴 거리
across the miles 긴 거리를 건너가다 보면

You will face   / mountains so steep
당신은 마주칠 것이다 / 그렇게 가파른 산들을

face 마주치다, 얼굴 ▶ face to face 얼굴과 얼굴을 마주하여

mountains so steep = so steep mountains
mountain 산
so 매우
steep 가파른, 경사진 ▶ slope, inclination 경사

Deserts so long / and / valleys so deep
아주 긴 사막들 / 그리고 / 아주 깊은 계곡들

desert [데저트] 사막 ▶ dessert [디저~트] 디저트
long 긴 ↔ **short** 짧은
▶ 속담 Art is long, life is short 예술은 길고, 인생은 짧다
valley 계곡, 골짜기, 최하점
deep 깊은 ▶ deepen 깊게 하다 ▶ depth 깊이

Sometimes / the Journey's gentle
어떤 때는 / 그 여행이 온화하고

sometimes 어떤 때는
journey 어행
gentle 온화한(=mild), 친절한, 품위 있는 ▶ gentleman 신사

Sometimes / the cold winds blow
어떤 때는 / 차가운 바람들이 붑니다

cold 차가운 ↔ **hot** 뜨거운
wind 바람 ▶ windy 바람이 부는
blow (바람이, 입으로) 불다, blow- blew-blown, (권투 등에서) 타격

But / I want / you / to remember
그러나 / 나는 원합니다 / 당신이 / 기억하기를 바랍니다

want 목적어 to 부정사 : 목적어가 ~ 하기를 원하다
remember 기억하다 ▶ remembrance 기억

I want / you / to know
나는 원합니다 / 당신이 / 알기를

(Refrain) / You / will never walk / alone
후렴 / 당신은 / 절대 걷지 않을 것입니다 / 홀로

refrain 후렴, 생략
never 절대로
walk 걷다, 걷기, 산책 < run 뛰다, 뛰기, 달리기
alone 혼자
▶ 속담 Better be alone than in bad company 나쁜 친구를 사귀는 것보다는 혼자 있는 것이 낫다

As long as / you have faith
~하는 한 / 당신이 믿음을 가지고 있는

as long as ~하는 한
▶ 속담 As long as there's life, there's hope. 생명이 있는 한 희망이 있다
faith 믿음, 신앙 ▶ faithful 신실한, 충실한, 성실한

Jesus / will be / right beside you / all the way
예수님은 / 있을 것입니다 / 당신의 바로 옆에 / 항상

right 바로, 오른편 ▶ right now 바로 지금
beside ~옆에 ▶ Sit beside me, my son 내 옆에 앉아라, 내 아들아
all the way 항상(= always)

And / you may feel / you're far from home
그리고 / 당신은 느낄지도 모릅니다 / 당신은 집으로부터 멀리 있다(는 것을)

may 아마도
feel 느끼다 ▶ feeling 느낌
far 먼, 멀리 ▶ far from~ ~로부터 먼
home 가정, 고향, 안식처 ▶ homeless 집 없는 ▶ homeless people 노숙자

And / He'll be there down / every road
그리고 / 그는 거기 아래 있을 것입니다 / 모든 길(에)

He'll = He will
down 아래에, 아래로 ↔ **up** 위에, 위로
every 예외 없이 모든 ▶ all 모든 ▶ whole 빈틈없이 모두, 완전히

The path / will wind
그 좁은 길은 / 굽이칠 것입니다

path 좁은길 **< road** 넓은길
wind [와인드] 길이나 강 등이 굽이치다(wind-wound-wound)
▸ wind [윈드] 바람, 가스, 호흡

And / you will find   / wonders and fears
그리고 / 당신은 찾을 것입니다 / 놀라움들과 두려움들을

wonder 놀라움, 놀라운 것, 경이로움, 경이로운 것 ▸ seven wonders 세계 7대 불가사의
fear 두려움, 두려워하다 ▸ fearful 두려운 ▸ worry 걱정하다

Labors of love / and / a few falling tears
사랑의 수고 / 그리고 / 약간의 떨어지는(흐르는) 눈문들

labor 수고, 노력, 노동, 근로
few 소량의, 적은 ▸ a few 약간의, 몇 가지의
falling 떨어지는, 추락하는
tear 눈물, 울음, 잡아 뜯다

Across the years
수년을 가로질러서(수년 동안)

across 건너서, 가로질러
years 수년 동안

There will be / some / twists and turns
있을 것입니다 / 약간의 / 우여곡절들

twist 꼬임, (몸, 실 등을) 꼬다
turn 회전, 굽음, 회전하다, 굽다 ▸ take a short turn 급선회 하다
▸ turn left 왼쪽으로 도세요
twists and turns 우여곡절, 도로의 구불거림

Mistakes to make / and   / lessons to learn
만들게 되는 실수들 / 그리고 / 배우게 되는 교윤들

mistake 실수, 잘못 ▸ by mistake 실수로

lesson 교훈, 가르침, 수업, 강습
learn 배우다 ▶ learning 배움
> ▶ 속담 The more you learn, the more you earn 더 많이 배울수록 더 많이 번다
> ▶ 속담 It is never too late to learn 배우기에는 절대로 늦지 않다

Jesus / knows / your joy,
예수님은 / 아십니다 / 당신의 기쁨(을)

joy 기쁨(↔ sorrow 슬픔) ▶ joyful 기쁨이 넘치는

Jesus / knows / your need
예수님은 / 아십니다 / 당신의 필요(를)

need 필요, 결핍(deficiency), 부족(want), ~을 필요로 하다
> ▶ 속담 A friend in need is a friend indeed 필요할 때 친구가 진정한 친구

He will go / the distance / with you / faithfully
그는 갈 것입니다 / 그 먼 길을 / 당신과 함께 / 신실하게

distance (공간 또는 시간상 떨어져 있는) 거리 ▶ distant 멀리 떨어져 있는
faithfully 신실하게, 충실하게, 성실하게 ▶ faith 믿음, 신앙

🎵 노래 배우기(REMIND)

아래와 같이 앞서 배웠던 단어나 문구의 뜻을 말해보고 각자 문장을 만들어 보세요!!

along life's road

along _~을 따라서_
life _인생, 생명_ / eternal life _영원한 생명_
road _길_ > path _비교적 좁은 길_

There will be sunshine and rain

there _____ ↔ here _____
There will be _____

sunshine _____ ▸ sunny _____
> ▸ 속담 Make hay while the sun _____
rain _____ ▸ rainy _____

Roses and thorns, laughter and pain

rose _____
thorn _____ ▸ crown of thorns _____
> ▸ 속담 No rose without thorn _____
laughter _____ ▸ laugh _____
pain _____ ▸ painful _____
> ▸ 속담 No pains, no _____

And 'cross the miles

'cross = across _____
mile _____

You will face mountains so steep

face _____ ▸ face to face _____
mountain _____
so _____
steep _____ ▸ slope(=inclination) _____

Deserts so long and valleys so deep

desert _____ ▸ dessert _____
long _____ ↔ **short** _____
> ▸ 속담 Art is long, life is short _____
valley _____
deep _____ ▸ deepen _____ ▸ depth _____

Sometimes the Journey's gentle

sometimes _____
journey _____
gentle(=mild) _____ ▸ gentleman _____

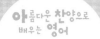

Sometimes the cold winds blow

cold _____ ↔ **hot** _____
wind _____ ▶ windy _____
blow (blow - _____ **- blown)** _____

But I want you to remember

remember _____ ▶ remembrance _____

(Refrain) You will never walk alone

refrain _____
never _____
walk _____ **< run** _____
  ▶ 속담 Better be _____ than in bad company

As long as you have faith

as long as _____
  ▶ 속담 As long as there's life, there's _____
faith _____ ▶ faithful _____

Jesus will be right beside you all the way

right _____ ▶ right now _____
beside _____ ▶ Sit beside me, my son _____
right beside you _____
all the way(= always) _____

And you may feel you're far from home

may _____
feel _____ ▶ feeling _____
far _____ ▶ far from _____
home _____ ▶ homeless _____

And He'll be there down every road

down _____ ↔ **up** _____
every _____ ▷ all _____ ▷ whole _____

The path will wind
path _____ < road _____
wind[와인드] _____ (wind - _____ - _____)
▷ **wind[윈드]** _____

And you will find wonders and fears
wonder _____ ▷ seven wonders
fear _____ ▷ fearful _____ ▷ worry _____

Labors of love and a few falling tears
labor _____
few _____ ▷ a few _____
falling _____
tear _____

Across the years
across _____
years _____

There will be some twists and turns
twist _____
turn _____ ▷ take a short turn
▷ turn left _____
twists and turns _____

Mistakes to make and lessons to learn
mistake _____ ▷ by mistake _____
lesson _____
learn _____ ▷ turn left _____
▷ 속담 The more you learn, the more you _____

▶ 속담 It is never too late to _____

Jesus knows your joy,

joy _____ ▶ **joyful** _____

Jesus knows your need

need _____ ▶ 속담 A friend in _____ is a friend indeed

He will go the distance with you faithfully

distance _____ ▶ distant _____
faithfully _____ ▶ faith _____

영한번역

Along life's road	인생의 길을 따라서 가다 보면
There will be sunshine and rain	햇살도 비도 있을 거예요
Roses and thorns, laughter and pain	장미와 가시, 웃음과 아픔도 있을 거예요
And 'cross the miles	그리고 길을 가다 보면
You will face mountains so steep	당신은 아주 가파른 산을 마주치게 될 것입니다
Deserts so long and valleys so deep	아주 긴 사막과 아주 깊은 계곡(을 당신은 마주치게 될 것입니다)
Sometimes the Journey's gentle	어떤 때는 여행이 온화하고
Sometimes the cold winds blow	어떤 때는 차가운 바람이 붑니다
But I want you to remember	그러나 나는 당신이 기억하길 바랍니다
I want you to know	당신이 알기를 바랍니다
(Refrain) You will never walk alone	(후렴) 당신은 절대 혼자 걷지 않을 것입니다
As long as you have faith	당신에게 믿음이 있는 한
Jesus will be right beside you all the way	예수님은 항상 당신의 바로 옆에 있을 것입니다
And you may feel you're far from home	그리고 당신은 당신이 집으로부터 멀리 떨어져 있다 느낄지도 모릅니다
But home is where He is	그러나 집은 그가 계신 곳입니다
And He'll be there down every road	그리고 그는 거기 아래 모든 길에 계실 것입니다
You will never walk alone	당신은 절대 혼자 걷지 않을 것입니다
never, no never	절대로, 아니 절대로
The path will wind	그 좁은 길은 굽이칠 것입니다
And you will find wonders and fears	그리고 당신은 경이로움과 두려움을 발견할 것입니다
Labors of love and a few falling tears	사랑의 수고와 약간의 떨어지는(흐르는) 눈물들
Across the years	수년을 가로질러서(수년 동안)
There will be some twists and turns	약간의 우여곡절이 있을 것입니다
Mistakes to make and lessons to learn	만들게 되는 실수들과 배워야 할 교훈(이 있을 것입니다)
Sometimes the journey's gentle	어떤 때는 여행이 온화하고
Sometimes the cold winds blow	어떤 때는 차가운 바람이 붑니다
But I want you to remember wherever you may go	그러나 나는 당신이 기억하길 바랍니다 당신이 어디를 가더라도

상기 번역은 영어공부를 위한 해석(직역)이며 공인된 한글 번역곡(가사)은 아님을 알려드립니다.

Refrain

Jesus knows your joy,
Jesus knows your need
He will go the distance with you faithfully

You will never walk alone
He will be right beside you all the way
When you feel you're far from home
He'll be there down every road

Refrain

never, no never
You never oh you never
never walk alone
you ~

후렴

예수님은 당신의 기쁨을 압니다
예수님은 당신의 필요를 압니다
그는 신실하게 그 먼 길을 당신과 함께 갈
것입니다

당신은 절대 혼자 걷지 않을 것입니다
그가 항상 당신의 바로 옆에 있을 것입니다
당신이 집으로부터 멀리 떨어져 있다 느낄 때
그는 거기 아래 모든 길에 계실 것입니다

후렴

절대로, 아니 절대로
당신은 절대로 오 당신은 절대로
절대로 혼자 걷지 않을 것입니다
당신은 ~

✞ 성경말씀

앞서 배운 영어찬양과 관련된 성경말씀을 알아봅시다!!

When Enoch had lived 65 years, he became the father of Methuselah. And after he became the father of Methuselah, <u>Enoch walked with God 300 years</u> and had other sons and daughters. (Genesis 5:21~22)

에녹은 육십오 세에 므두셀라를 낳았고 므두셀라를 낳은 후 <u>삼백 년을 하나님과 동행하며</u> 자녀들을 낳았으며 (창세기 5:21~22)

This is the account of Noah. Noah was a righteous man, blameless among the people of his time, and <u>he walked with God</u>. (Genesis 6:9)

이것이 노아의 족보니라 노아는 의인이요 당대에 완전한 자라 <u>그는 하나님과 동행하였으며</u> (창세기 6:9)

Have I not commanded you? Be strong and courageous. Do not be terrified; do not be discouraged, <u>for the LORD your God will be with you wherever you go</u> (Joshua 1:9)

내가 네게 명령한 것이 아니냐 강하고 담대하라 두려워하지 말며 놀라지 말라 네가 어디로 가든지 <u>네 하나님 여호와가 너와 함께 하느니라 하시니라</u>. (여호수아 1:9)

<u>The LORD himself goes before you and will be with you</u>; he will never leave you nor forsake you. Do not be afraid; do not be discouraged. (Deuteronomy 31:8)

그리하면 <u>여호와 그가 네 앞에서 가시며 너와 함께 하사 너를 떠나지 아니하시며 버리지 아니하시리니</u> 너는 두려워하지 말라 놀라지 말라 (신명기 31:8)

<u>Even though I walk through the valley of the shadow of death</u>, I will fear no evil, <u>for you are with me</u>; your rod and your staff, they comfort me. (Psalm 23:4)

<u>내가 사망의 음침한 골짜기로 다닐지라도</u> 해를 두려워하지 않을것은 <u>주께서 나와 함께 하심이라</u> 주의 지팡이와 막대기가 나를 안위하시나이다. (시편 23:4)

<u>When you pass through the waters, I will be with you</u>; and <u>when you pass through the rivers</u>, they will not sweep over you. When you walk through the fire, you will not be burned; the flames will not set you ablaze. (Isaiah 43:2)

<u>네가 물 가운데로 지날 때에 내가 함께 할 것이라</u> 강을 건널 때에 물이 너를 침몰하지 못할 것이며 <u>네가 불 가운데로 지날 때에 타지도 아니할 것이요</u> 불꽃이 너를 사르지도 못하리니. (이사야 43:2)

Then Jesus came to them and said, "All authority in heaven and on earth has been given to me.
Therefore go and make disciples of all nations, baptizing them in the name of the Father and of the Son and of the Holy Spirit,
and teaching them to obey everything I have commanded you. <u>And surely I am with you always, to the very end of the age</u>. (Matthew 28:18~20)

예수께서 나아와 말씀하여 이르시되 하늘과 땅의 모든 권세를 내게 주셨으니
그러므로 너희는 가서 모든 민족을 제자로 삼아 아버지와 아들과 성령의 이름으로 세례를 베풀고
내가 너희에게 분부한 모든 것을 가르쳐 지키게 하라 볼지어다 <u>내가 세상 끝날까지 너희와 항상 함께 있으리라</u> 하시니라 (마태복음 28:18~20)

(Genesis 6:9) **account** 계산, 계정, 계좌, 계보, 설명하다, 원인이 되다
/ the Great Account 최후의 심판
(Deuteronomy 31:8) **forsake**(= give up, abandon) 버리다, 포기하다
(Psalm 23:4) **comfort** 위로, 위문, 위안, 편안함, 위로(위문)하다
(Isaiah 43:2) **sweep** (빗자루 등으로) 쓸다, 휩쓸다
ablaze 화염에 싸여서, 타오르는
(Matthew 28:18~20) **authority** 권능, 권한, 권위

🔊 성경 말씀(REMIND)

앞서 배운 성경말씀을 소리 내어 읽어보고 해석해 보세요!!

When Enoch had lived 65 years, he became the father of Methuselah. And after he became the father of Methuselah, Enoch walked with God 300 years and had other sons and daughters. (Genesis 5:21~22)

This is the account of Noah. Noah was a righteous man, blameless among the people of his time, and he walked with God. (Genesis 6:9)

Have I not commanded you? Be strong and courageous. Do not be terrified; do not be discouraged, for the LORD your God will be with you wherever you go (Joshua 1:9)

The LORD himself goes before you and will be with you; he will never leave you nor forsake you. Do not be afraid; do not be discouraged. (Deuteronomy 31:8)

Even though I walk through the valley of the shadow of death, I will fear no evil, for you are with me; your rod and your staff, they comfort me. (Psalm 23:4)

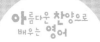

When you pass through the waters, I will be with you; and when you pass through the rivers, they will not sweep over you. When you walk through the fire, you will not be burned; the flames will not set you ablaze. (Isaiah 43:2)

Then Jesus came to them and said, "All authority in heaven and on earth has been given to me.
Therefore go and make disciples of all nations, baptizing them in the name of the Father and of the Son and of the Holy Spirit,
and teaching them to obey everything I have commanded you. And surely I am with you always, to the very end of the age. (Matthew 28:18~20)

Puzzle 12

' YOU WILL NEVER WALK ALONE ' 에서 배웠던 단어들로 퍼즐(puzzle)을 완성해 봅시다!

Across_가로

- **3** 산
- **6** 계곡
- **7** 눈물, 울음, 잡아 뜯다
- **9** 믿음, 신앙
- **12** 놀라움, 놀라운 것, 경이로움,
  seven____s 세계 7대 불가사의
- **14** 혼자, 홀로
  Better be ____ than in bad company
- **15** 사막
- **16** 햇살, 햇빛
- **17** 웃음
- **18** (공간 또는 시간상 떨어져 있는) 거리

Down_세로

- **1** 수고, 노력, 노동, 근로
- **2** 인생, 삶, 생명
- **3** 실수, 잘못
- **4** 좁은길 < road
- **5** 넓은길 > path
- **8** 건너서, 가로질러
- **10** 아픔, 수고
  No____s, no gains
- **11** 마주치다, 얼굴
- **13** (하늘에서 내리는) 비
- **15** 깊이, 형용사는 deep
- **16** 가파른, 경사진, mountain so____
- **19** 차가운 ↔ hot

정답은 책의 뒤편에서 확인하세요

You Raise Me Up

When I am down   and, oh my soul, so wea-ry   when trou-bles
There is no life   no life with-out its hun-ger   Each rest-less

come and my heart burd-ened be   Then, I am still   and wait here in
heart beats so im - per-fect-ly   But When you come   and I am fill-ed

the silence, Un - til you come and sit a-while with me   You raise me
with wonder Some-time, I think   I glim-pse e - ter - nity

up   so I can stand on moun - tains   You raise me

up,   to walk on stor-my   seas   I am strong When I am on your

shoul - ders   You raise me up   to more than I   can be

When I am down and, oh my soul, so weary
When troubles come and my heart burdened be
Then I am still and wait here in the silence
Until you come and sit awhile with me

(Refrain) You raise me up so I can stand on mountains
You raise me up to walk on stormy seas
I am strong when I am on your shoulders
You raise me up to more than I can be

There is no life - no life without it's hunger
Each restless heart beats so imperfectly
But when you come I am filled with wonder
Sometimes, I think I glimpse eternity

refrain x 2

You raise me up to more than I can be

🎤 노래 알아보기

 지치고 힘들 때 하나님께서 나에게 오셔서 나를 일으켜 주신다는 이 노래는 유명한 소설가이자 CCM 작곡가인 브랜든 그레이엄(Brendon Graham, 1945~)이 작사를 하였고, 그룹 시크릿 가든(Secret Garden)의 멤버이자 음악박사인 롤프 뢰블란(Rolf Lovland, 1955~)이 북아일랜드의 전통 민요인 런던데리 에어(Londonderry Air)를 바탕으로 작곡하였으며, 2001년 발표된 시크릿가든의 4집 앨범인 'Once in a Red Moon'에 최초로 수록된 곡입니다.
 이 노래는 이후 조시 그로번(Josh Groban), 웨스트 라이프(West Life), 외판원에서 노래경연 대회를 통해 단숨에 유명인사가 된 폴 포츠(Paul Potts), 셀틱 우먼(Celtic Women), 셀라(Shelah), 귀여운 소녀가수인 코니 텔봇(Conie Telbot), 우리나라의 소향, 박정현 등 유명한 여러 가수 또는 그룹들이 리메이크(re-make)하여 불렀습니다.
 의기소침해 있는 아이를(우리를) 아빠가(하나님이) 안아주고 무등을 태워주는 모습이 상상되는 노래입니다.

🎵 **노래 배우기**

When / I am down and, / oh my soul, / so weary

~ 할 때 / 내가 침울하고, / 오 나의 영혼이 / 매우 지쳐 있는

when ~ 할 때
down 기분이 침울한, 아래로 ↔ **up** 기분이 좋아진, 위로
oh (감탄사) 오, 아, 저런
soul 영혼, 정신 ↔ **body** 육체, 몸
  ▶ 속담 Brevity is the soul of wit 간결함은 재치의 영혼(생명)
weary (몹시)지친, 피곤한 ▶ weary of ~ ~에 싫증 난 ▶ dog-weary 아주 지친

When / troubles come and / my heart burdened be

~할 때 / 문제들이 다가오고, / 나의 마음에 짐이 지워진 듯

trouble 문제, 곤란, 병
come 오다 (come-came-come)
heart 마음, 심장
burden 짐, 짐을 진 ▶ my heart burdened be = my heart is burdened 내 마음에 짐이 지워져 있다.

Then / I am still and wait here / in the silence

그러면 / 나는 가만히 있으며 기다립니다 여기서 / 침묵 속에서

then 그러면, 그다음에, 그때
still 움직이지 않는, 조용한(quiet), 잠잠한, 계속해서, 아직도
  ▶ 속담 Still waters runs deep 잠잠한 물이 깊이 흐른다(익은 벼일수록 고개 숙인다, 사려 깊은 사람은 말이 적다,
  ▶ 속담 Empty vessels make the most sound 빈 수레가 요란하다
wait 기다리다 ▶ wait a minute(second) 잠시 기다려
here 여기 ↔ **there** 저기
silence 고요, 침묵 ▶ silent 고요한, 말이 없는
  ▶ holy night silent night 거룩한 밤 고요한 밤

Until   / you come and sit   / awhile with me

~ 할 때까지 / 당신이 와서 앉아계실 때 / 잠시 나와 함께

until (~할 때)까지

sit 앉다 (sit-sat-sat) ▶ seat 앉히다 (seat-seated-seated)
awhile 잠시, 잠깐 ▶ for awhile 잠시 동안
with ~ 과 같이(함께), ~을 가지고 ▶ with me 나와 함께(같이)
  ▶ with spoon 스푼을 가지고 ▶ with grateful heart 감사하는 마음으로

You / raise me up   / so I can stand on mountains
당신은 / 나를 올려 주십니다 / 내가 산들 위에 서 있을 수 있도록

raise (위로)들어올리다, (수준을)높이다, (작물을)기르다
~ so (that) I can - : ~ 해서 내가 - 가능하도록 하다
stand 서다 ▶ stand up 서 있다 ▶ stand by 대기하다
mountain 산 > hill 언덕(작은 산)
mountains 산들, 산맥 ▶The Rocky Mountains 록키 산맥

You / raise me up   / to walk   / on stormy seas
당신은 / 나를 올려 주십니다 / 걸을수 있도록 / 폭풍 치는 바다 위를

walk 걷다 < run 뛰다
stormy 폭풍치는, 날씨가 험악한, 격렬한 ▶ storm 폭풍(우), 세찬 비

I am strong / when I am on your shoulders
나는 강합니다 / 당신의 어깨위에 있을 때

strong 힘센 ▶ strength 힘
shoulder 어깨 ▶ head and shoulders knees and toes knees toes 머리 어깨 무릎 발 무릎 발

You / raise me up   / to more than I can be
당신은 / 나를 높여 주십니다 / 내가 가능한 상태 보다

more than ~ ~보다
I can be 내가 가능한 상태

There is no life - no life / without it's hunger;
삶은 없습니다   / 그의 갈급함이 없는

life 삶, 생활, 생명 ↔ death 사망, 죽음
without 없이 ↔ with 가지고

▶ 속담 There is no smoke without fire 불 없이 연기 없다(아니땐 굴뚝에 연기나랴)

hunger 배고픔, (~에 대한)갈망 ▶ **hungry** 배고픈, 굶주리는
▶ 속담 Hunger is the best sauce 배고픔이 최고의 양념이다(=시장이 반찬)

Each restless heart / beats / so imperfectly;
각자의 쉼없는 심장은 / 고동치고 있습니다 / 그렇게도 불완전하게

restless 쉼(휴식) 없는 ▶ rest 쉼(휴식)
▶ restless wanderer 쉼 없는 유랑자
▶ less 는 명사 뒤에 붙어서 ~ 이 없는 이라고 해석 됩니다 (pain ↔ painless)
beat 고동(치다), 때리다 , 박자 ▶ heart beat 심장 박동
imperfectly 불완전하게 ↔ **perfectly** 완전하게
▶ 'im'은 명사나 부사등 앞에 붙어서 반대의 의미를 나타냅니다 (possible ↔ impossible)
▶ 속담 Practice makes perfect 연습하면 완벽해진다

But / when you com / I am filled / with wonder,
그러나 / 당신이 올 때 / 나는 채워집니다 / 놀라움으로

fill 채우다 ▶ be filled with ~ ~으로 채워지다
wonder 놀라움, 놀라운 것 ▶ seven wonders 세계 7대 불가사의

Sometimes, / I think / I glimpse / eternity
어떤 때는, / 나는 생각합니다 / 내가 어렴풋이 본다 / 영원(을)

sometimes 어떤 때는
think 생각하다 ▶ thought(=thinking) 생각
glimpse 얼핏(언뜻) 보다, 잠깐 보다 ▶ catch(have, get) a glimpse of ~ ~을 어렴풋이 보다
▶ glance 흘긋 보다, 섬광, 번득임 ▶ at the first glance 첫눈에
eternity 영원, 오랜 시간 ▶ eternal 영원한 ▶ eternal life 영생

🎵 노래 배우기(REMIND)

아래와 같이 앞서 배웠던 단어나 문구의 뜻을 말해보고 각자 문장을 만들어 보세요!!

When I am down and, oh my soul, so weary

when ___ ~ 할 때
down ___ 기분이 침울한, 아래로 ↔ up ___ 기분이 좋아진, 위로
oh ___ 감탄사 오, 아
soul ___ ↔ body ___
　▶ 속담 Brevity is the soul of wit ___
weary ___ ▶ weary of ~ ___ ▶ dog-weary ___

When troubles come and my heart burdened be

trouble ___
come ___ (come - ___ - come)
heart ___
burden ___

Then I am still and wait here in the silence

then ___
still ___ ▶ 속담 Still water runs ___
wait ___ ▶ wait a minute(second) ___
here ___ ↔ there ___
silence ___ ▶ silent ___ ▶ holy night silent night ___

Until you come and sit awhile with me

until ___
sit ___ (sit-sat-sat) ▶ seat ___ (seat-seated-seated)
awhile ___ ▶ for awhile ___
with me ___ ▶ with spoon ___ ▶ with grateful heart ___

(refrain) You raise me up so I can stand on mountains

raise ___

~ so (that) I can -
stand ▸ stand up   ▸ stand by
mountain   > hill
mountains   ▸ The Rocky Mountains

You raise me up to walk on stormy seas

walk   < run
stormy sea   ▸ storm

I am strong when I am on your shoulders

strong ▸ strength
shoulder
▸ head and shoulders knees and toes knees toes

You raise me up to more than I can be

more than ~
I can be

There is no life - no life without it's hunger;

life   ↔ **death**
without   ↔ **with**
▸ 속담 There is no smoke without
hunger   ▸ hungry
▸ 속담 Hunger is the best sauce

Each restless heart beats so imperfectly;

restless   ▸ rest   ▸ restless wanderer
pain   ↔ **painless**
beat   ▸ heart beat
imperfectly   ↔ **perfectly**
▸ impossible   ↔ possible
▸ 속담 Practice makes

But when you come I am filled with wonder,

fill _____ ▸ be filled with ~ _____
wonder _____ ▸ seven wonders _____

Sometimes, I think I glimpse eternity

sometimes _____
think _____ ▸ thought(=thinking) _____
glimpse _____ ▸ catch(have, get) a glimpse of ~ _____
  ▸ glance _____ ▸ at the first glance _____
eternity _____ ▸ eternal _____ ▸ eternal life _____

♂ 영한번역

When I am down and, oh my soul, so weary	내가 침울하고, 오 나의 영혼이 매우 지쳐 있을 때
When troubles come and my heart burdened be	문제들이 다가오고, 나의 마음에 짐이 지워진 듯할 때
Then I am still and wait here in the silence	그러면 나는 가만히 여기 침묵 속에 기다립니다
Until you come and sit awhile with me	당신(하나님)이 (나에게) 와서 나와 함께 잠시 앉아계실 때까지
(refrain)	(후렴)
You raise me up so I can stand on mountains	당신은 내가 산들 위에 서 있을 수 있도록 나를 올려 주십니다
You raise me up to walk on stormy seas	당신은 내가 폭풍 치는 바다들 위를 걸을 수 있도록 나를 높여주십니다
I am strong when I am on your shoulders	나는 당신의 어깨위에 있을 때 강합니다
You raise me up to more than I can be	당신은 내가 가능한 상태 보다 나를 높여 주십니다
There is no life - no life without it's hunger;	갈급함(배고픔)이 없는 삶은 없습니다
Each restless heart beats so imperfectly;	각자의 쉼없는 심장은 그렇게도 불완전하게 고동치고 있습니다
But when you come I am filled with wonder,	그러나 당신이 (나에게) 오면 나는 놀라움으로 채워지게 됩니다
Sometimes, I think I glimpse eternity,	어떤 때는 나는 영원을 어렴풋이 본다는 생각을 합니다
refrain X 2	후렴 X 2
You raise me up to more than I can be	당신은 내가 가능한 상태 보다 나를 높여 주십니다

✝ 성경말씀

앞서 배운 영어찬양과 관련된 성경말씀을 알아봅시다!!

"This is the will of Him who sent Me, that of all that He has given Me I lose nothing, but raise it up on the last day. For my Father's will is that <u>everyone who looks to the Son and believes in him shall have eternal life, and I will raise them up at the last day.</u> (John 6:39~40)

나를 보내신 이의 뜻은 내게 주신 자 중에 내가 하나도 잃어버리지 아니하고 <u>마지막 날에 다시 살리는 이것 이니라. 내 아버지의 뜻은 <u>아들을 보고 믿는 자마다 영생을 얻는 이것이니 마지막 날에 내가 이를 다시 살리리라 하시니라.</u> (요한복음 6:39~40)

No one can come to Me unless the Father who sent Me draws him; and I <u>will raise him up on the last day.</u> (John 6:44)

나를 보내신 아버지께서 이끌지 아니하시면 아무도 내게 올 수 없으니 <u>오는 그를 내가 마지막 날에 다시 살리리라.</u> (요한복음 6:44)

Come to me, all you who are weary and burdened, and I will give you rest. (Matthew 11:28)

수고하고 무거운 짐 진 자들아 다 내게로 오라 내가 너희를 쉬게 하리라. (마태복음 11:28)

Even though I walk through the valley of the shadow of death, <u>I will fear no evil, for you are with me;</u> your rod and your staff, they comfort me. (Psalm 23:4)

내가 사망의 음침한 골짜기로 다닐지라도 <u>해를 두려워하지 않을것은 주께서 나와 함께 하심이라</u> 주의 지팡이와 막대기가 나를 안위하시나이다. (시편 23:4)

Here I am! I stand at the door and knock. If anyone hears my voice and opens the door, <u>I will come in and eat with him, and he with me.</u>
To him who overcomes, I will give the right to sit with me on my throne, just as I overcame and sat down with my Father on his throne. (Revelation 3:20)

볼지어다 내가 문 밖에 서서 두드리노니 누구든지 내 음성을 듣고 문을 열면 <u>내가 그에게로 들어가 그와 더불어 먹고 그는 나와 더불어 먹으리라</u>
이기는 그에게는 내가 내 보좌에 함께 앉게 하여 주기를 내가 이기고 아버지 보좌에 함께 앉은 것과 같이 하리라 (요한계시록 3:20)

🔊 성경 말씀(REMIND)

앞서 배운 성경말씀을 소리 내어 읽어보고 해석해 보세요!!

"This is the will of Him who sent Me, that of all that He has given Me I lose nothing, but raise it up on the last day. For my Father's will is that <u>everyone who looks to the Son and believes in him shall have eternal life, and I will raise them up at the last day.</u> (John 6:39~40)

No one can come to Me unless the Father who sent Me draws him; and I <u>will raise him up on the last day.</u> (John 6:44)

Come to me, all you who are weary and burdened, and I will give you rest. (Matthew 11:28)

Even though I walk through the valley of the shadow of death, <u>I will fear no evil, for you are with me;</u> your rod and your staff, they comfort me.(Psalm 23:4)

Here I am! I stand at the door and knock. If anyone hears my voice and opens the door, <u>I will come in and eat with him, and he with me.</u>
To him who overcomes, I will give the right to sit with me on my throne, just as I overcame and sat down with my Father on his throne. (Revelation 3:20)

Puzzle 13

' YOU RAISE ME UP ' 에서 배웠던 단어들로 퍼즐(puzzle)을 완성해 봅시다!

```
1               2                           4 G
      3
5 S                             6
              7 S
      8 E
        R
9       10                11
                                12 W   13
        14 B
              15              L E S S
```

Across_가로	Down_세로
5 고요, 침묵	**1** (위로)들어올리다, (작물을)기르다
7 폭풍, 폭풍우	**2** 여기 ↔ there
8 완전한, 완벽한	**3** 배고픔, (~에 대한)갈망
9 기다리다	**4** 언뜻 보다, 잠깐보다
_____a minute 잠시 기다려줘	**6** 영혼 ↔ body
11 걷다 < run	**7** 움직이지 않는, 조용한, 계속해서, 아직도
13 어깨	_____waters runs deep 잠잠한 물이 깊이 흐른다
14 짐, 짐을 진	**10** 문제, 곤란, 병
15 쉼(휴식) 없는	**11** 없이 ↔ with
	There is no smoke _____fire
	12 (몹시)지친, 피곤한

MEMO

Above all *

A-bove all pow-ers, a-bove all king, a-bove all na-ture and all

cre-a-ted things; a-bove all wis-dom and all the ways of man,

You were here be-fore the world be-gan A-bove all king-doms, a-bove all

thrones, a-bove all won-ders the world has ev-er known; a-bove all

wealth and treas-ures of the earth, there's no way to meas-ure what You're worth.

Cru-ci-fied, laid be hind a stone, You live to die re-

ject-ed and a-lone. Like a rose tram-pled on the ground,

you took the fall and thought of me a-bove all

Above all powers
Above all kings
Above all nature and all created things
Above all wisdom and all the ways of man
You were here before the world began

Above all kingdoms
Above all thrones
Above all wonders the world has ever known
Above all wealth and treasures of the earth
There's no way to measure what you're worth
(refrain1) Crucified
Laid behind the stone
You lived to die
Rejected and alone

(refrain2) Like a rose trampled on the ground
You took the fall
And thought of me
Above all

refrain1

refrain2 X2

◇ QR코드를 스캔하여 유튜브로 들어보세요!!

◇ 유튜브(www.youtube.com) 검색창에 아래와 같이 입력하고
돋보기를 클릭해도 됩니다.

above all michael w smith | 🔍

<모든 능력과 모든 권세>
O.T. : Above All / O.W. : Paul Baloche, Lenny LeBlanc
O.P. : Integrity's Hosanna! Music / S.P. : Universal Music Publishing Korea, CAIOS
Adm. : Capitol CMG Publishing / All rights reserved. Used by permission.

🎤 노래 알아보기

세상의 그 무엇보다도 존귀하신 분이 세상의 다른 무엇보다도 우리를 위하여 십자가에 못 박힘을 택하셨다는 내용의 이 이곡은 앞서 'There is none like you'를 작곡했던 레니 르블랑(Lenny LeBlanc)과 세계적인 예배 인도자이자 작곡가인 폴 발로쉬(Paul Baloche)가 1995년에 작곡하였습니다.

레니 르블랑에 대한 이야기는 앞서 There is none like you에서 했기 때문에 여기서는 폴 발로쉬에 대해 알아봅시다. 폴 발로쉬는 1962년 미국에서 태어났고 기독교 음악가이자 찬양 리더이며 'Open the Eyes of My Heart', 'Hosanna' 등 다수의 예배 음악을 작곡하여 Dove상을 여러 번 수상한 바 있고 2006년에 한국을 처음 방문하여 찬양 예배를 인도한 바 있습니다.

발로쉬는 찬양사역자 교육에 관심이 많아서 2008년에는 Jimmy Owens, Carol Owens와 함께 예배 음악을 작곡하고 선택하는 방법에 관한 책인, 'God Songs: How to Write and Select Songs for Worship'을 저술하였고 최근에는 DVD로 만들어진 찬양사역자를 위한 교재로 기타, 보컬, 사역팀, 음악 이론 등 여러 분야에 대한 DVD 시리즈인 The Modern Worship Series를 발표하였습니다.

또한 발로쉬는 leadworship.com이라는 사이트를 운영하며 찬양사역자 그리고 예비 찬양사역자들을 위하여 예배음악에 대한 온라인 강의, 워크숍, 멘토링 등을 하고 있습니다.

그럼 다시 곡으로 돌아가서, 이곡은 Michael W. Smith의 첫 CCM 앨범으로 2001년에 발표된 Worship(예배)에 수록되어 많이 알려지게 되었고 같은 해에 미국 대통령의 취임 기도회(inaugural prayer)에서 Michael W. Smith가 피아노 반주와 함께 노래하기도 해서 더욱 유명해진 곡입니다.

이 곡을 처음 만들게 된 계기는 레니가 친구였던 폴을 공동 작업을 위해 초청하였고 폴이 그가 만들고 있던 미완성곡을 레니에게 들려줌으로 인해 시작됩니다. 그 곡은 "Above all powers, above all kings, Above all nations and all created things"로 시작했고 계속해서 하나님의 위대함을 찬송하는 곡이었습니다. 그 곡은 강력했지만 폴은 그 곡에 대해 자신이 썼던 어떤 후렴구도 마음에 들지 않는 상태였습니다.

다음날 아침 일찍 레니는 그의 작업실로 가서 그 곡조를 연주해 보던 중 하나님께서 그에게 예수님 삶의 역설적인 면에 관한 후렴구(Crucified Laid behind the stone, You lived to die, Rejected and alone)를 생각나게 해주셨다 합니다.

발로쉬는 '이 곡을 통하여 앞으로 수년 동안 예수님이 경배 받으실 것이라는 사실을 아는 것은 내게 축복입니다'라고 말합니다.

🎵 노래 배우기

Above / all powers
~보다도 / 모든 권력자들(권세들)

Above ~ 보다도, ~을 넘어선, ~ 위에, ~보다 높이
power 권력, 힘, 능력, 재능, 전력

Above / all kings
~보다도 / 모든 왕들

Above / all nature / and / all created things
~보다도 / 모든 자연 / 그리고 / 모든 창조된 것들

nature 자연, 천성, 본성 ▶ natural 자연스러운, 타고난
　▶ 속담 Habit is a second nature 습관은 제2의 천성이다
create 창조하다 ▶ creation 창조 ▶ creator 창조자
thing 사물, 것 ▶ nothing 아무것 ▶ everything 모든것

Above / all wisdom / and / all the ways of man
~보다도 / 모든 지혜 / 그리고 / 모든 인간의 방식들

wisdom 지혜 ▶ wise 지혜로운
way 방식·방법(=method), 길(=road)

You were / here / before the world began
당신은 있었다 / 여기에 / 세상이 시작하기 전에

begin 시작하다 (begin-began-begun)
　▶ 속담 Charity begins at home 자선(자애)은 집에서 시작된다

Above / all kingdoms
~보다도 / 모든 왕국들

kingdom 왕국
　▶ dom 은 어미(단어의 끝에 쓰이는말)로서 영역, 지위, 상태를 나타냅니다
　▶ boredom 지루함, freedom 자유, wisdom 지혜
thing 사물, 것 ▶ nothing 아무것 ▶ everything 모든것

Above / all thrones
보다도 / 모든 왕관들

throne 왕좌, 왕위, 교황

Above / all wonders / the world has ever known
~보다도 / 모든 놀라운 것들 / 세상이 지금까지 알아왔던

wonder(= marvel) 놀라움, 놀라운 것, 경이, 불가사의
ever 의문문과 부정문에서, 또는 비교급·최상급과 함께 '지금(이제)까지'라는 의미로 쓰입니다
▶ This is the best news I have ever heard 이것은 내가 지금까지 들은 가장 좋은 소식이다

Above / all wealth and treasures / of the earth
~보다도 / 모든 부와 보물들 / 세상의

wealth 부, 재산 ▶ wealthy 풍부한, 풍족한
treasure 보물, 보배, 귀중품 ▶ Treasure Island 보물섬(R. L. Stevenson의 소설)
earth 세상, 지구, 지면, 흙으로 덮다

There's no way to measure / what you're worth
측량할 길이 없습니다 / 당신의 가치(를)

way 방법·방식(=method), 길(=road)
measure 측정하다 ▶ measurement 측량, 측정, 치수

Crucified laid behind the stone
= He was crucified and / he was laid / behind the stone
그는 십자가에 못박혔고 / 그는 눕혀졌네 / 돌 뒤에

crucify 십자가에 못박다 ▶ crucifixion 십자가에 못박음, 십자가형
laid lay(놓다, 두다, 눕혀놓다)의 과거형, lay-laid-laid
▶ 'was laid'는 수동태로 '눕혀지다', '놓여지다'라는 의미입니다

You lived / to die
당신은 사셨다 / 죽기위해

Rejected and / alone
= You were rejected and / you were alone
당신은 거절되셨고 / 당신은 홀로 되셨네

reject 거절하다, 버리다 ↔ **accept** 받아들이다, 수락하다
alone 홀로, ~만으로
▶ Man shall not live by bread alone 사람은 빵만으로 사는 것이 아니다

Like a rose / trampled on the ground
장미 처럼 / 땅위에서 밟힌

rose 장미(꽃) ▶ 속담 No rose without thorn 가시 없는 장미는 없다
trample ~을 짓밟다, 쿵쿵 거리며 걷다

You took / the fall
당신은 택하셨다 / 그 죽음을

take(take-took-taken) 선택하다, 받아들이다, 받다, 취하다, 품다
fall 죽음, 쓰러짐, 넘어짐, 떨어짐, 가을(낙엽이 떨어지는 계절)

And / (you) thought of / me / above all
그리고 / (당신은) 생각하셨네 / 나를 / 모든 것 보다도

thought think(생각하다, 숙고하다)의 과거형 ▶ think-thought-thought

🎵 **노래 배우기(REMIND)**

아래와 같이 앞서 배웠던 단어나 문구의 뜻을 말해보고 각자 문장을 만들어 보세요!!

Above / all powers

Above _____
power _____

Above / all nature / and / all created things

nature _____ ▶ natural _____
▶ 속담 Habit is a second nature _____
create _____ ▶ creation _____ ▶ creator _____
thing _____ ▶ nothing _____ ▶ everything _____

Above / all wisdom / and / all the ways of man

wisdom _____ ▸ wise _____
way _____ (=method), _____ (=road)

You were / here / before the world began

begin _____ (begin -_____ - _____)
▸ 속담 Charity begins at home _____

Above / all kingdoms

kingdom 왕국
▸ dom _____
▸ boredom _____, freedom _____, wisdom _____

Above / all thrones

throne _____

Above / all wonders / the world has ever known

wonder (= marvel) _____
ever _____
▸ This is the best news I have ever heard _____

Above / all wealth and treasures / of the earth

wealth _____ ▸ wealthy _____
treasure _____ ▸ Treasure Island _____
earth _____

There's no way to measure / what you're worth

way _____ (=method), _____ (=road)
measure _____ ▸ measurement _____

Crucified laid behind the stone
= He was crucified and / he was laid / behind the stone

crucify _____ ▶ crucifixion _____
laid _____ ▶ was laid _____

Rejected and / alone

reject _____ ↔ accept _____
alone _____
　▶ Man shall not live by _____ alone

Like a rose / trampled on the ground

rose _____ ▶ 속담 No rose without thorn _____
trample _____

You took　/ the fall

throne _____

Above　/ all wonders　/ the world has ever known

take(take-took-taken)
fall _____

And　/ (you) thought of　/ me　/ above all

thought _____ ▶ think - _____ - _____

🎵 영한번역

Above all powers	모든 권세(권력자) 보다도
Above all kings	모든 왕들 보다도
Above all nature and all created things	모든 자연 그리고 모든 창조된 것들 보다도
Above all wisdom and all the ways of man	모든 지혜와 모든 인간의 방식들 보다도
You were here before the world began	당신은 세상이 시작하기 전에 여기 계셨습니다
Above all kingdoms	모든 왕국들 보다도
Above all thrones	모든 왕관들 보다도
Above all wonders the world has ever known	세상이 지금까지 알아왔던 모든 경이로운 것들 보다도
Above all wealth and treasures of the earth	이 세상의 모든 부와 보물들 보다
There's no way to measure what you're worth	당신의 가치를 측량할 길이 없습니다
Crucified	십자가에 못박혀서
Laid behind the stone	돌 뒤에 눕혀지셨네
You lived to die	당신은 죽기위해 사셨다
Rejected and alone	거절되셨고 홀로되셨네
Like a rose trampled on the ground	장미처럼 땅위에서 밟혔다
You took the fall	당신은 죽음을 택하셨다
And thought of me	그리고 나를 생각하셨네
Above all	모든 것들 보다

✚ 성경말씀

앞서 배운 영어찬양과 관련된 성경말씀을 알아봅시다!!

Surely he took up our infirmities and carried our sorrows, yet we considered him stricken by God, smitten by him, and afflicted.
But he was pierced for our transgressions, he was crushed for our iniquities; the punishment that brought us peace was upon him, and by his wounds we are healed.
We all, like sheep, have gone astray, each of us has turned to his own way; and the LORD has laid on him the iniquity of us all. (Isaiah 53:4~6)

그는 실로 우리의 질고를 지고 우리의 슬픔을 당하였거늘 우리는 생각하기를 그는 징벌을 받아 하나님께 맞으며 고난을 당한다 하였노라
그가 찔림은 우리의 허물 때문이요 그가 상함은 우리의 죄악 때문이라 그가 징계를 받으므로 우리는 평화를 누리고 그가 채찍에 맞으므로 우리는 나음을 받았도다
우리는 다 양 같아서 그릇 행하여 각기 제 길로 갔거늘 여호와께서는 우리 모두의 죄악을 그에게 담당시키셨도다. (이사야 53:4~6)

Who, being in very nature God, did not consider equality with God something to be grasped, but made himself nothing, taking the very nature of a servant, being made in human likeness.
And being found in appearance as a man, he humbled himself and became obedient to death- even death on a cross! (Phillippians 2:6~8)

그는 근본 하나님의 본체시나 하나님과 동등됨을 취할 것으로 여기지 아니하시고
오히려 자기를 비워 종의 형체를 가지사 사람들과 같이 되셨고
사람의 모양으로 나타나사 자기를 낮추시고 죽기까지 복종하셨으니 곧 십자가에 죽으심이라
(빌립보서 2:6~8)

"The one who comes from above is above all; the one who is from the earth belongs to the earth, and speaks as one from the earth. The one who comes from heaven is above all.(John 3:31)

위로부터 오시는 이는 만물 위에 계시고 땅에서 난 이는 땅에 속하여 땅에 속한 것을 말하느니라
하늘로부터 오시는 이는 만물 위에 계시나니 (요한복음 3:31)

I have been crucified with Christ and I no longer live, but Christ lives in me. The life I live in the body, I live by faith in the Son of God, who loved me and gave himself for me. (Galatians 2:20)

내가 그리스도와 함께 십자가에 못 박혔나니 그런즉 이제는 내가 사는 것이 아니요 오직 내 안에 그리스도께서 사시는 것이라 이제 내가 육체 가운데 사는 것은 나를 사랑하사 나를 위하여 자기 자신을 버리신 하나님의 아들을 믿는 믿음 안에서 사는 것이라 (갈라디아서 2:20)

To him who overcomes, I will give the right to sit with me on my throne, just as I overcame and sat down with my Father on his throne. (Revelation 3:21)

이기는 그에게는 내가 내 보좌에 함께 앉게 하여 주기를 내가 이기고 아버지 보좌에 함께 앉은 것과 같이 하리라 (요한계시록 3:21)

(Isaiah 53:4) **smite** 강하게 때리다
(Isaiah 53:6) **go(get) astray** 길을 잃다, 정도를 벗어나다(타락하다)
　　　　　　iniquity 부정, 불법 ▶ inequity 불공평, 불공정
(Phillippians 2:6~8) **grasp** 움켜잡다
　　　　　obedient 순종하는 ↔ disobedient

🔊 성경 말씀(REMIND)

앞서 배운 성경말씀을 소리 내어 읽어보고 해석해 보세요!!

Surely he took up our infirmities and carried our sorrows, yet we considered him stricken by God, smitten by him, and afflicted.
But he was pierced for our transgressions, he was crushed for our iniquities; the punishment that brought us peace was upon him, and by his wounds we are healed.
We all, like sheep, have gone astray, each of us has turned to his own way; and the LORD has laid on him the iniquity of us all. (Isaiah 53:4~6)

Who, being in very nature God, did not consider equality with God something to be grasped, but made himself nothing, taking the very nature of a servant, being made in human likeness.
And being found in appearance as a man, he humbled himself and became obedient to death- even death on a cross! (Phillippians 2:6~8)

"The one who comes from above is above all; the one who is from the earth belongs to the earth, and speaks as one from the earth. The one who comes from heaven is above all.(John 3:31)

I have been crucified with Christ and I no longer live, but Christ lives in me. The life I live in the body, I live by faith in the Son of God, who loved me and gave himself for me. (Galatians 2:20)

To him who overcomes, I will give the right to sit with me on my throne, just as I overcame and sat down with my Father on his throne. (Revelation 3:21)

Puzzle 14

'**Above all**' 에서 배웠던 단어들로 퍼즐(puzzle)을 완성해 봅시다!

Across_가로	Down_세로
2 홀로, ~만으로	**1** 자연, 천성, 본성
3 십자가에 못박다	**3** 창조자
5 ~ 보다도, ~을 넘어선, ~ 위에, ~보다 높이	**4** 권력, 힘, 능력, 재능, 전력(電力)
7 받아들이다, 수락하다 (12번의 반대말)	**6** 측정하다
9 보물, 보배, 귀중품	**8** 왕좌, 왕위
11 왕국	**9** ~을 짓밟다, 쿵쿵 거리며 걷다
12 거절하다, 버리다 (7번의 반대말)	**10** 지혜
13 부, 재산	

정답은 책의 뒤편에서 확인하세요

MEMO

In Christ alone *

✲ <오직 예수>
O.T. : In Christ Alone / O.W. : Andrew Shawn Craig, Don Koch
O.P. : New Spring Publishing Inc. / S.P. : Universal Music Publishing Korea, CAIOS
Adm. : Capitol CMG Publishing / All rights reserved. Used by permission.

In Christ alone will I glory
Though I could pride myself in battles won
For I've been blessed beyond measure
And by His strength alone I'll overcome
Oh, I could stop and count successes like diamonds in my hands
But those trophies could not equal to the grace by which I stand

(refrain) In Christ alone
I place my trust
And find my glory in the power of the cross
In every victory
Let it be said of me
My source of strength
My source of hope
Is Christ alone

In Christ alone do I glory
For only by His grace I am redeemed
For only His tender mercy
Could reach beyond my weakness to my need
And now I seek no greater honor than just to know Him more
And to count my gains but losses to the glory of my Lord

refrain X 2

◇ QR코드를 스캔하여 유튜브로 들어보세요!!
◇ 유튜브(www.youtube.com) 검색창에 아래와 같이 입력하고 돋보기를 클릭해도 됩니다.

In Christ alone Brian Littrell | 🔍

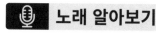 **노래 알아보기**

'In Christ alone'이라는 같은 이름으로 몇 가지 곡들이 있지만, 개인적으로 가장 좋아하는 곡은 브라이언 리트렐(Brian Littrell, 1975~)이 부른 이 곡입니다. Brian Littrell은 1993년에 결성되어

전 세계적으로 이름을 날리고 엄청난 상업적 성공을 거둔 5인조 남성 그룹 Backstreet Boys의 리드보컬이기도 했습니다.

2005년에 발표된 이곡으로 리트렐은 2006년에 작곡가인 돈 코(Don Koch) 그리고 숀 크레익(Shawn Craig)과 함께 도브상을 수상하였습니다.

2017년도 직장을 휴직하고 가족과 함께 1년 동안 있었던 미국 블랙스버그 한인교회 담임 목사님의 설교 중 가장 가슴에 와 닿던 말씀 하나는, 하나님이 우리에게 주신 가장 귀한 선물인 예수님 한 분 이외에는 세상의 다른 모든 것들은 부수적인 선물처럼 여기는 신앙의 소중함에 대한 말씀이셨습니다. 아이가 부모님의 손에 들린 사탕이나 장난감들을 바라보는 것은 당연하지만, 만약 어떤 아이가 그런 것보다는 부모님이 더 좋다며 부모님 품에 가만히 안겨 있기를 더욱 원한다면 그 부모가 그 아이를 볼 때 얼마나 더욱더 사랑스러울까 하는 생각을 해 봅니다.

또한 하나님은 지금 시대를 살고 있는 우리를 보시며 참 안타까워하시지 않을까 하는 생각도 해봅니다. 사람을 도와주는 여러 가지 기계들과 정보통신, 의약, 풍부한 먹거리 등 물질적으로 많은 것들을 하나님이 우리 인간들을 위해 세상에 허락해 주셨는데 오히려 그것들에 둘러싸여 중독되어 헤어나지 못하거나 일을 더욱 효율적으로 처리함으로 인해 더욱 많은 일들이 생기고 더욱더 바빠져서 오히려 하루에 잠시간도 하나님을 찾지 않는 우리들을 보시면 어떤 생각이 드실까 하는 생각을 해봅니다.

예수님만이 나의 소망의 근원이시고 세상 다른 모든 것들보다 예수님만을 홀로 높인다는 이 노래를 듣고 불러보면서 예수님과 예수님을 통해 우리를 자녀로 삼아주신 하나님을 향한 우리의 사랑을 다시 한번 고백해 봅니다.

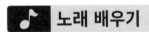 노래 배우기

In Christ alone will I glory
= I / will glory   / in Christ alone
나는 / 영광(자랑)스러워합니다 / 안에서 예수님 만으로(홀로)

glory 명예 영광, 여기서는 동사로 쓰여서 '영광(자랑)스러워하다', '기뻐하다'의 의미입니다
alone 만으로, 홀로, 단독으로
▶ 속담 Man shall not live by bread alone 사람은 빵만으로 사는 것이 아니다

Though / I could pride myself / in battles (which I) won

~할지라도 / 내가 나 자신을 자랑하는 것이 가능할 / (내가) 이긴 전투에서

pride 자랑하다, 자랑, 긍지, 자존심, 교만
battle 전투, 전쟁, 승리, 성공
won win의 과거 win-won-won

For   / I've been blessed   / beyond measure

왜냐하면 / 나는 축복받아 왔습니다 / 측량을 넘어설 정도로(측량할 수 없을 정도로)

For는 ~을 위해서라는 의미로 많이 쓰지만 여기서는 because와 같이 ~ 때문에 라는 뜻입니다
beyond (범위, 한계를) 넘어서, ~ 보다 이상으로
measure 한도, 측정, 측량, 재다 ▶ measurable 측정 가능한

And / by His strength alone   / I'll overcome

그리고 / 그분(예수님)의 힘 만으로 / 나는 이겨낼 것입니다

strength 힘 ▶ strong 힘센
overcome(= defeat, conquer) 이겨내다, 극복하다, 정복하다
▶ Death cannot overcome him 죽음은 그를 이길 수 없다

Oh, / I could   / stop and count / successes ← like diamonds in my hands

오 / 나는 가능했습니다 / 멈추고 세보는 것이 / 성공들(을) ← 나의 손안에 다이아몬드들과 같은

count 세다, 계수하다 ▶ countless 셀 수 없는
success 성공 ▶ succeed 성공하다

But / those trophies / could not equal / to the grace ← by which I stand

그러나 / 그 트로피들은 / 같을 수 없습니다 / 그 은혜에 ← 나를 지지해 주시는

trophy 트로피, 상, 상품, 승리를 기념하는 물건, 전리품
be equal to ~ ~ 와 같다, 동일하다
▶ 3 plus 2 is equal to 5   3 더하기 2는 5와 같다
stand by 지지해주다, 편이 되주다, 도와주다, 입장이나 의견을 고수하다

(refrain) / In / Christ alone

(후렴) / 안에서 / 예수님 한분(홀로, 만으로)

I   / place   / my trust
나(는) / 둡니다 / 나의 신뢰(를)

place 두다, 놓다, 주문하다, 장소
trust 신뢰, 신용, 확신, 책임 ▶ I trust in the Lord 나는 주님을 신뢰합니다

And find my glory in the power of the cross
= And / I   / find   / my glory   / in the power of the cross
그리고 / 나(는) / 찾습니다 / 나의 영광(을) / 십자가의 능력 안에서

power 힘, 능력, 효력, 에너지원
　▶ 다양한 에너지원 : horse power 마력(馬力) / water power 수력 / electric power 전력 /
magnetic power 자기력 / electromagnetic power 전자기력

In   / every victory
안에서 / 모든 승리

victory 승리 ▶ victorious 승리를 거둔, 이긴 ▶ victor 승리자

Let   / it be said of me
하소서 / 그것이 나에 의해 말해지도록
= 내가 말할 수 있게 하소서

My source of strength, My source of hope
Is Christ alone
= My source of strength / is Christ alone
나의 힘의 근원(은) / 예수님 한분만 이십니다

= My source of hope / is Christ alone
나의 희망의 근원(은) / 예수님 한분만 이십니다

In Christ alone do I glory
= I   / do glory   / In Christ alone
나(는) /정말로 영광(자랑)스러워합니다 / 예수님 한분 안에서

동사 앞에서 do는 조동사로 '정말로', '진심으로'라는 의미입니다
　▶ I do love Jesus 나는 정말로 예수님을 사랑합니다

For   / only / by His grace   / I am redeemed
왜냐하면 / 오직 / 그의 은혜에 의해서 / 나는 구원 받습니다

only 오직, 유일한, 다만, 단지
redeem (맡겨놓은 것을) 되찾다, 속죄하다, 보상하다, 구원하다
▶ redeemer 구조자, 구원자, 구세주

For   / only / His tender mercy

왜냐하면 / 오직 / 그의 부드러운 자비가

tender 부드러운, 배려하는, 친절한, 귀중한 ▶ a tender heart 다정한 마음
mercy 자비, 연민, 고마운 일

Could reach   / beyond my weakness / to my need

도달할 수 있었습니다 / 나의 약함을 넘어서서 / 나의 부족함 까지

to ~까지, ~에게, ~에 대하여
need 부족(want), 결핍(deficiency, lack), 필요
▶ 속담 A friend in need is a friend indeed 필요할 때 친구가 진정한 친구

And   / now / I seek no greater honor / than just to know / Him more

그리고 / 지금 / 나는 더 큰 영광을 구하지 않습니다 / 다만 아는 것 보다 / 그를 더욱
= 그리고 지금 나는 다만 그를 더욱 아는 것 보다 더 큰 영광을 구하지 않습니다

seek 추구하다, 찾다
▶ Seek me and you will find me 나를 구하라 그러면 너는 나를 찾을 것이다
greater than ~ ~ 보다 큰(중요한)
honor 영광, 명예 ▶ honorable 영광스러운, 명예로운

And / (now / I seek no greater honor / than just) to count / my gains but losses / to the glory of my Lord

그리고 / (지금 / 나는 더 큰 영광을 구하지 않습니다) / 다만 여기는 것 보다 / 나의 얻은 것 들을 잃은 것들로 / 나의 주님의 영광에 대해서는
= 그리고 주님의 영광에 대해서는 지금 나는 나의 얻은 것 들을 잃은 것들로 다만 여기는 것 보다 더 큰 영광을 구하지 않습니다

count 세다, 계산하다, 여기다 ▶ count A (as) B A를 B라고 여기다(간주하다)
but 여기서는 흔히 쓰는 '그러나'라는 뜻이 아니라 '단지'(=only, mere)라는 의미로 해석합니다
gain 얻다, 얻음, 수익 ↔ loss 잃다, 잃음, 손실
▶ 속담 No pains, no gains 수고 없이 얻는 것이 없다

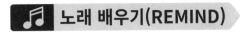

🎵 노래 배우기(REMIND)

아래와 같이 앞서 배웠던 단어나 문구의 뜻을 말해보고 각자 문장을 만들어 보세요!!

In Christ alone will I glory
= I / will glory　　　 / in Christ alone

glory _____
alone _____
▶ 속담 Man shall not live by bread alone _____

Though / I could pride myself / in battles (which I) won

pride _____
battle _____
won _____ win-(　　　)-(　　　)

For　 / I've been blessed / beyond measure

For _____
beyond _____
measure _____ ▶ measurable

And　/ by His strength alone　/ I'll overcome

strength _____ ▶ strong
overcome (= _____ , _____)
▶ Death cannot overcome him

Oh, / I could　　 / stop and count / successes ← like diamonds in my hands

count _____ ▶ countless _____
success _____ ▶ succeed _____

But / those trophies / could not equal to / the grace ← by which I stand

trophy _____
be equal to ~ ~ _____
▶ 3 plus 2 is equal to 5 _____
stand by _____

I / place / my trust

place _____
trust _____ ▶ I trust in the Lord _____

For / only / by His grace / I am redeemed

only _____
redeem _____ ▶ redeemer _____

For / only / His tender mercy

tender _____ ▶ a tender heart _____
mercy _____

Could reach / beyond my weakness / to my need

need _____
▶ 속담 A friend in need is a friend indeed _____

And / now / I seek no greater honor / than just to know Him more

seek _____
▶ Seek me and you will find me _____
greater than ~ _____
honor _____ ▶ honorable _____

And / to count / my gains but losses / to the glory of my Lord

count _____ ▶ count A (as) B _____
but _____
gain _____ ↔ **loss** _____
▶ 속담 No pains, no gains _____

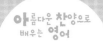

🔎 영한번역

In Christ alone	예수님 한분 안에서(만으로)
will I glory	나는 영광(자랑)스러워합니다
Though I could pride myself	내가 이겼던 전투(승리)안에서 내가 나자신을
in battles won	만족(교만)해 하는 것이 가능할지라도
For I've been blessed	왜냐하면 나는 측량할 수 없을 정도로
beyond measure	축복받아왔습니다
And by His strength alone	그리고 그분의 힘만으로
I'll overcome	나는 극복할 것입니다
Oh, I could stop and count successes like	오 나는 멈추고 내 손안에 다이아몬드들과 같은
diamonds in my hands	성공들을 세보는 것이 가능했습니다
But those trophies could not equal to the	하지만 그 트로피들은 나를 지지해주는 그
grace by which I stand	은혜와 같을 수 없었습니다
(refrain) In Christ alone	(후렴) 예수님 한분 안에서(만으로)
I place my trust	나는 나의 신뢰를 둡니다
And find my glory in the power of the	그리고 나의 영광을 그 십자가의 능력 안에서
cross	찾습니다
In every victory	모든 승리에서
Let it be said of me	나에 의해서 말해지게 하소서
	(=내가 말할 수 있게 하소서)
My source of strength	나의 힘의 근원(은)
My source of hope	나의 희망의 근원(은)
Is Christ alone	예수님 한분 이십니다
In Christ alone	예수님 한분 안에서(만으로)
do I glory	나는 정말로 자랑(영광)스러워합니다
For only by His grace	왜냐하면 오직 당신의 은혜로만
I am redeemed	나는 구원 받습니다
For only His tender mercy	왜냐하면 오직 당신의 부드러운 자비가
Could reach beyond my weakness to my	나의 약함을 넘어서 나의 필요까지 도달할 수
need	있었습니다
And now I seek no greater honor than just	그리고 지금 나는 다만 그를 더욱 아는 것보다
to know Him more	더 큰 영광을 구하지 않습니다
And to count my gains but losses to the	그리고 주님의 영광에 대해서는 나의 얻은
glory of my Lord	것들을 단지 잃은 것들로 여기는 것(보다 더 큰
	영광을 구하지 않습니다)

※ 상기 번역은 영어공부를 위한 해석(직역)이며 공인된 한글 번역곡(가사)은 아님을 알려드립니다.

✝ 성경말씀

앞서 배운 영어찬양과 관련된 성경말씀을 알아봅시다!!

"But blessed is the one who trusts in the LORD, whose confidence is in him.
(Jeremiah 17:7)

그러나 무릇 여호와를 의지하며 여호와를 의뢰하는 그 사람은 복을 받을 것이라
(예레미아 17:7)

I do not trust in my bow, my sword does not bring me victory;
but you give us victory over our enemies, you put our adversaries to shame.
(Psalms 44:6~7)

나는 내 활을 의지하지 아니할 것이라 내 칼이 나를 구원하지 못하리이다
오직 주께서 우리를 우리 원수들에게서 구원하시고 우리를 미워하는 자로 수치를 당하게 하셨나이다
(시편 44:6~7)

Find rest, O my soul, in God alone; my hope comes from him.
He alone is my rock and my salvation; he is my fortress, I will not be shaken.
My salvation and my honor depend on God ; he is my mighty rock, my refuge. (Psalm
62:5-7)

나의 영혼아 잠잠히 하나님만 바라라 무릇 나의 소망이 그로부터 나오는도다
오직 그만이 나의 반석이시요 나의 구원이시요 나의 요새이시니 내가 흔들리지 아니하리로다
나의 구원과 영광이 하나님께 있음이여 내 힘의 반석과 피난처도 하나님께 있도다 (시편 62:5-7)

It is better to trust in the LORD than to put confidence in man. It is better to trust in the
LORD than to put confidence in princes. (Psalms 118:8~9, KJV)

여호와께 피하는 것이 사람을 신뢰하는 것보다 나으며
여호와께 피하는 것이 고관들을 신뢰하는 것보다 낫도다 (시편 118:8~9)

For the LORD your God is the one who goes with you to fight for you against your enemies to give you victory (Deuteronomy 20:4)

너희 하나님 여호와는 너희와 함께 행하시며 너희를 위하여 너희 적군과 싸우시고 구원하실 것이라 할 것이며 (신명기 20:4)

For by grace you have been saved through faith, and that not of yourselves; it is the gift of God, not of works, that no one would boast. (Ephesians 2:8-9, WEB)

너희는 그 은혜에 의하여 믿음으로 말미암아 구원을 받았으니 이것은 너희에게서 난 것이 아니요 하나님의 선물이라
행위에서 난 것이 아니니 이는 누구든지 자랑하지 못하게 함이라 (에베소서 2:8-9)

Indeed, <u>I count everything as loss because of the surpassing worth of knowing Christ Jesus my Lord</u>.
For his sake I have suffered the loss of all things and count them as rubbish, in order that I may gain Christ.
and be found in him, not having a righteousness of my own that comes from the law, but that which comes through faith in Christ, the righteousness from God that depends on faith (Philippians 3:7-9, ESV)

그러나 <u>무엇이든지 내게 유익하던 것을 내가 그리스도를 위하여 다 해로 여길뿐더러</u>
또한 모든 것을 해로 여김은 내 주 그리스도 예수를 아는 지식이 가장 고상하기 때문이라 내가 그를 위하여 모든 것을 잃어버리고 배설물로 여김은 그리스도를 얻고 그 안에서 발견되려 함이니 내가 가진 의는 율법에서 난 것이 아니요 오직 그리스도를 믿음으로 말미암은 것이니 곧 믿음으로 하나님께로부터 난 의라 (빌립보서 3:7-9)

🔊 성경 말씀(REMIND)

앞서 배운 성경말씀을 소리 내어 읽어보고 해석해 보세요!!

"But blessed is the one who trusts in the LORD, whose confidence is in him.
(Jeremiah 17:7)

I do not trust in my bow, my sword does not bring me victory;
but you give us victory over our enemies, you put our adversaries to shame. (Psalms 44:6~7)

Find rest, O my soul, in God alone; my hope comes from him.
He alone is my rock and my salvation; he is my fortress, I will not be shaken.
My salvation and my honor depend on God ; he is my mighty rock, my refuge. (Psalm 62:5-7)

It is better to trust in the LORD than to put confidence in man. It is better to trust in the LORD than to put confidence in princes. (Psalms 118:8~9, KJV)

For the LORD your God is the one who goes with you to fight for you against your enemies to give you victory (Deuteronomy 20:4)

For by grace you have been saved through faith, and that not of yourselves; it is the gift of God, not of works, that no one would boast. (Ephesians 2:8-9, WEB)

Indeed, <u>I count everything as loss because of the surpassing worth of knowing Christ Jesus my Lord</u>.
For his sake I have suffered the loss of all things and count them as rubbish, in order that I may gain Christ.
and be found in him, not having a righteousness of my own that comes from the law, but that which comes through faith in Christ, the righteousness from God that depends on faith (Philippians 3:7-9, ESV)

Puzzle 15

' **In Christ Alone** ' 에서 배웠던 단어들로 퍼즐(puzzle)을 완성해 봅시다!

Across_가로

3 (범위, 한계를) 넘어서, ~ 보다 이상으로

4 얻다, 얻음, 수익 ↔ loss 잃다, 잃음, 손실

7 이겨내다, 극복하다 (= defeat, conquer)

10 명예, 영광

11 신뢰, 신용

In God we _____

13 긍지, 자존심, 교만

14 힘, 힘센(strong)의 명사형

15 추구하다, 찾다

Down_세로

1 한도, 측정, 측량, 재다

2 전투, 전쟁

5 영광, 명예

6 부드러운, 배려하는, 친절한, 귀중한

Love me _____, Love me sweet ~

8 셀 수 없는

9 트로피, 상품, 승리를 기념하는 물건

12 (맡겨놓은 것을) 되찾다, 속죄하다, 보상하다

_____ er 속죄해 주는 사람

Look at the world

Look at the world, everything all around us:
Look at the world, and marvel everyday.
Look at the world: So many joys and wonders,
So many miracles along our way.

(refrain) Praise to thee o Lord for all creation,
Give us thankful hearts that we may see:
All the gifts we share and every blessing,
All things come of thee.

Look at the earth: Bringing forth fruit and flower;
Look at the sky, the sunshine and the rain;
Look at the hills, look at the trees and mountains,
Valley and flowing river, field and plain:

(refrain)

Think of the spring, Think of the warmth of summer
Bringing the harvest before the winter's cold.
Everything grows, everything has a season,
Til' it is gathered to the Fathers fold:

(refrain)

Every good gift, all that we need and cherish
Comes from the Lord in token of his love:
We are his hands, stewards of all his bounty:
His is the earth and his the heavens above:

(refrain)
All things come of thee

◇ QR코드를 스캔하여 유튜브로 들어보세요!!
◇ 유튜브(www.youtube.com) 검색창에 아래와 같이 입력하고
돋보기를 클릭해도 됩니다.

Look at the world John Rutter | 🔍

노래 알아보기

이곡은 영국의 작곡가이자 지휘자인 존 루터(John Milford Rutter, 1945~)가 영국의 환경단체 CPRE(Council for the Protection of Rural England)의 70주년을 기념하여 1996년에 작곡한 곡입니다. 존 루터는 많은 찬송가(anthem)와 캐럴(carol)을 작곡했습니다. 이 곡을 들을 때마다 하나님께서 선물해 주신 아름다운 자연을 감사한 마음으로 다시 한번 돌아보게 됩니다. 그리고 이 곡처럼 자연의 아름다움과 하나님께 대한 찬송을 노래한 존 루터 지휘자님의 'For the beauty of the earth'라는 곡도 감상해 보시길 바랍니다.

하나님께서 허락하여주신 아름다운 자연과 생명에 대한 경외(Reverence)사상과 그 실천으로 유명한 슈바이처 박사님은 모든 생명체를 존중하며 필요 없이 생명을 죽이거나 상해하는 것을 줄여야 함을 주장하였습니다. 예를 들어 슈바이처 박사는 농부가 가축을 먹이기 위해 풀을 벨 수는 있지만 아무 생각 없이 풀을 함부로 짓밟아 죽이거나 꽃을 생각 없이 꺾는 행동은 하지 말아야 한다고 말합니다.

이 곡을 들어보면 '우리는 하나님의 청지기(steward)'라는 대목이 있는데 인간에 의한 자연파괴와 생명 경시가 심각한 지금, 우리들이 청지기로서 본분을 다하고 있는지를 돌아보게 됩니다. 저는 2017년도 육아휴직을 하는 동안 버지니아공대에서 폐플라스틱의 문제점과 이를 해결하기 위한 대안에 대해 연구하였습니다. 폐플라스틱은 지구 환경 특히 해양생태계를 파괴하는 데 큰 역할을 하고 있습니다. 전 세계 바다에서 새, 거북이, 돌고래들이 버려진 비닐을 삼켜 소화 장애로 또는 플라스틱 소재의 그물에 걸려 괴롭게 죽어가고 있으며, 버려진 일회용 플라스틱들은 미국 텍사스주보다 더 큰 소위 플라스틱 아일랜드를 바다에 생성하고 있습니다. 자원순환 관련 유명한 공익단체인 엘렌맥아서 재단(Ellen MacArthur Foundation)의 최근 보고서에서는 이대로 플라스틱 문제를 방치하면 조만간 바다에는 물고기 무게만큼 폐플라스틱들이 떠다닐 수도 있다 합니다. 기존 연구 결과들을 살펴보면 썩지 않는 플라스틱을 친환경적으로 대체할 소재들이 일부 개발되었으나 이러한 소재들의 사용이 환경 측면에서 또 다른 문제를 가져오는 등 아직 완벽한 해결책이 개발되지 못하였음이 확인됩니다. 그러므로 친환경 소재를 개발하는 것도 중요하지만 결국은 우리 인간들이 불편을 감수하는 것이, 즉 잘 썩지 않거나 분해 과정에서 환경에 유해한 물질을 배출하는 플라스틱의 사용을 줄이는 것이 근본적인 해결책으로 보입니다.

좀 다른 이야기를 하나 하자면 빌리 그레이엄(Billy Graham, 1918~2018) 목사님은 성경에서 하나님이 우리 인간들에게 땅에서 생육하고 번성하고 통치하라(dominion) 말씀하셨음(Genesis 1:28)을 강조하며, 인간은 자연을 다스리며 돌보아야지 자연의 어떤 부분이라도 숭배의 대상으로 삼아서는 안 되고, 반대로 학대나 남용의 대상으로 삼아서도 안 된다 말씀하십니다. 결국 우리는 하나님께서 허락해 주신 자연의 청지기가 되어 감사한 마음으로 다스리고 선용하는 것이 가장 바람직할 것 같습니다.

<빌리 그레이엄 목사님의 하나님, 인간, 그리고 자연의 관계에 대한 코멘트 원문은 다음과 같습니다>

God created the whole world, but the pinnacle of His work was humanity.
하나님은 온 세상을 창조하셨습니다, 그러나 그의 작품의 정점은 사람입니다.

Genesis 1:28 says, "And God blessed them. And God said to them, 'Be fruitful and multiply and fill the earth and subdue it, and have dominion over the fish of the sea and over the birds of the heavens and over every living thing that moves on the earth.'" 창세기 1장 28절은 말씀하십니다, "하나님이 그들에게 복을 주시며 하나님이 그들에게 이르시되 생육하고 번성하여 땅에 충만하라, 땅을 정복하라, 바다의 물고기와 하늘의 새와 땅에 움직이는 모든 생물을 다스리라 하시느라"

Humans were designed to take care of God's creation. We were never meant to elevate any part of creation into an object of worship. On the other hand, we weren't meant to abuse the earth, either.
인간은 하나님의 창조물을 돌보기 위해서 만들어졌습니다. 우리는 창조물의 어떤 부분이라도 숭배의 대상으로 높이도록 의도되지 않았습니다. 그 반대로, 우리는 또한 지구를 남용(학대)하도록 의도되지도 않았습니다.

* pinnacle 정점, 절정; humanity 인류; subdue 정복하다; dominion 지배, 통제;
  abuse 남용하다, 혹사하다, 학대하다

** 미국 동부를 여행하시면 워싱턴DC에 있는 '바이블 뮤지엄(Museum of the Bible, www.museumofthebible.org)'과 함께 노스캐롤라이나주에 있는 '빌리 그레이엄 기념관(Billy Graham Library, billygrahamlibrary.org)'을 꼭 방문해 보시기 바랍니다.
저도 2017년도 미국에서 육아휴직을 하는 동안 가족과 함께 빌리 그레이엄 목사님 기념관을 방문해 보았고, 전 세계를 다니며 평생을 힘차게 주님의 말씀을 전하며 사셨던 그레이엄 목사님의 인생을 돌아보며 많은 도전과 감동을 받았습니다.

♪ **노래 배우기**

Look at / the world, / everything ← all around us
보아라 / 세상 / 모든 것 ← 모든 우리들 주위의
보아라 세상을, 우리들 주위의 모든 것들을

Look at ~ ~을 보아라 ▶ look at me 나를 봐
world 세상, 세계
around 주위에
us 우리들, 우리들에게, we의 목적격
everything 모든 것 ↔ **nothing** 아무것도 아닌 것
world와 everything은 컴마(,)로 연결되어 있습니다. 같은 의미의 명사 사이에는 컴마를 씁니다
(나중에 영문법을 본격적으로 배우면 동격(同格)의 '컴마'라고 합니다)

Look at / the world and marvel / everyday
보아라 / 세상과 놀라운 것(들을) / 매일
매일 세상과 놀라운 것을 보아라

marvel (= wonder) 놀라운 것, 경이, 불가사의 ▶ marvels of nature 자연의 경이로움 ▶ blue
marvel 푸른 놀라운 것(지구를 뜻하는 말로 유명한 보드게임(블루마블)의 이름이기도 합니다)

Look at / the world; / so many   / joys and wonders,
보아라 / 세상(을) / 그렇게 많은 / 즐거움들과 놀라운 것들(을)
세상을 보아라; 그렇게 많은 즐거울들과 경이로움들을 보아라

so many 그렇게 많은
joy 기쁨, 즐거움 ▶ joyful 기쁜, 즐거운
joy는 성령의 아홉가지 열매(the fruit of spirit)인 love, joy, peace, patience, kindness,
goodness, faithfulness, gentleness, and self-control 중 하나이기도 합니다(Galatians
5:22~23)
wonder(=marvel) 놀라움, 놀라운 것, 경이, 불가사의

So many   / miracles / along our way
그렇게 많은 / 기적들 / 우리들의 길을 따라서(있는)
우리들의 길을 따라있는 그렇게 많은 기적들

miracle 기적 ▶ miraculous 기적적인
along ~ ~을 따라서
our 우리들의
way 길(= road), 방식

Praise / to thee, / O Lord / for all creation.
찬송합니다 / 당신에게 /오 하나님 / 모든 창조에 대하여

praise 찬송, 찬미, 칭찬
to ~ 누구에게, 어디로
thee(=you) 그대(당신)에게, you의 시적인 표현입니다
Lord 주인, 군주, 여기서는 대문자로 쓰여 하나님
for 에 대하여, ~을 위하여
creation 창조 ▶ creator 창조자 ▶ creature 피조물, 창조물

Give us / thankful hearts ← that we may see
주소서 우리에게 / 감사하는 마음들을 ← 우리가 볼 수 있는

thankful 감사하는 ▶ thank 감사하다
heart 마음, 심장

All the gifts ← we share, / and every blessing,
모든 은혜들 ← 우리가 나누는, / 그리고 모든 축복

gift 은혜, 선물, 재능
share 나누다(공유하다), 분배하다
blessing 축복 ▶ bless 축복하다

All things / come of thee.
모든 것들은 / 당신으로부터 온다

come-came-come 오다 ↔ **go-went-gone** 가다
come of ~ ~로부터(때문에) 생기다(있게 되다)
▶ come of thee = come from you

Look at / the earth ← bringing forth / fruit and flower,
바라보라 / 땅(대지)를 ← 산출해 내는 / 과일과 꽃(을)

earth 대지(땅), 지구 ↔ **sky, heaven** 하늘, 천국
bring 가져오다 ▶ bring me salt 소금을 나에게 가져다 주세요
bring forth ~ ~을 낳다, ~을 산출하다, 열매를 맺다

Look at / the sky / the sunshine / and the rain.
바라보아라 / 지구(를) / 햇빛(를) / 그리고 비(를)

Look at / the hills, / look at / the trees and mountains,
바라보아라 / 언덕들(을) / 바라보아라 / 나무들 그리고 산들(을)

Valley and flowing river, / field and plain.
계곡 그리고 흐르는 강, / 들판과 평야

valley 계곡, 골짜기
flow 흐르다, 흘러나오다, 흘러가다, 샘솟다, 흐름, 몰입
▶ the flow 밀물 ↔ the ebb 썰물
field 들판, 넓게 펼쳐진 장소, 경기장, 분야
plain 평야, 평지, 꾸밈없는, 솔직한, 분명한

Think of / the spring, / think of / the warmth of summer
생각해라 / 봄(을), / 생각해라 / 여름의 따뜻함(을)

warm 따뜻한 ▶ warmth 따뜻함
spring 봄 ▶ summer 여름 ▶ fall 가을 ▶ winter 겨울

Bringing the harvest / before winter's cold.
추수한 것을 가져와라(거두어라) / 겨울의 추위 전에

harvest 추수, 수확, 수확하다
before ~ 전에 ↔ **after ~** 후에
cold 추위, 추움, 추운, 감기 ↔ **warmth, warm**

Everything grows, / everything has a season,
모든 것은 자란다 / 모든 것은 계절을 가지고 있다(= 모든 것은 때가 있다)

till it is gathered / to the Father's fold:
그것이 모아질 때까지 / 아버지(하나님)의 울타리로

grow 자라다, 성장하다 ▶ growth 성장

till = until ~까지

gather 모으다, 수집하다 ▶ is gathered 모아지게 되다

　▶ 속담 A rolling stone gathers no moss, (moss가 긍정적 의미로는 '우물도 한 우물을 파라', moss가 부정적 의미로는 '부지런해야 녹이 슬지 않는다'

fold 울타리(우리) 주름, 층, 접다

　▶ door to the fold of God 하나님의 울타리로 가는 문

Every good gift, / all ← that we need and cherish.
모든 선한 은혜, / 모든 것 ← 우리가 필요로 하고 아끼는

comes from the Lord / in token of his love
하나님으로부터 오다 / 그의 사랑의 표시로써

모든 선한 은혜, 우리가 아끼는 모든 것은 / 사랑의 표시로 하나님으로부터 온다

gift 선물, 은혜, (타고난) 재능 ▶ birthday gift 생일 선물

cherish 아끼다, 귀여워하다, 간직하다 ▶ cherished gift 소중히 여기는 선물

all 모든(형용사), 모든 것(명사) 'we need and cherish' 가 all을 뒤에서 꾸며주고 있습니다

comes from ~로부터 오다

token 표, 상징, 기념품 ▶ in token of ~의 표시로서

We are his hands, / stewards ← of all his bounty
우리는 그의 손들이다, / 청지기들 ← 모든 그의 하사품의

hands : 여기서는 '손 들' 보다는 '고용인', '일손' 이라는 의미로 해석하면 자연스럽습니다

steward 청지기, 집사, 지배인, 사무장, 승무원 ▶ stewardess 여성 승무원

hands와 stewards는 동격(같은 것을 나타내는말)으로 컴마로 연결되어 있습니다

bounty 하사품, 축하금, 보상금, 보조금, 관대함, 박애, 자비로움

　▶ king's bounty 왕의 하사품

His is the earth / and / his the heavens / above
그의 것은 지구이다 / 그리고 / 그의 것은 하늘이다 / 저 위의

his the heavens above에는 is가 생략되어 있습니다 = his is the heavens above

영한번역

Look at the world, everything all around us:
Look at the world, and marvel everyday.
Look at the world:
So many joys and wonders,
So many miracles along our way.

세상을 보아라, 우리들 주위의 모든 것을
매일 세상과 경이로움을 보아라
세상을 보아라:
그렇게 많은 즐거움들과 놀라운 것들을,
우리들의 길을 따라서 있는 그렇게 많은 기적들을
(보아라)

(refrain) Praise to thee o Lord for all creation,

Give us thankful hearts that we may see:

All the gifts we share and every blessing,
All things come of thee.

(후렴) 오 주님 모든 창조에 대하여 당신을
찬송합니다
우리가 볼 수 있도록(있는) 감사하는 마음들을
우리에게 주소서
우리나 나누는 모든 은혜들, 그리고 모든 축복들
모든 것은 당신으로부터 옵니다

Look at the earth: Bringing forth fruit and fower;
Look at the sky, the sunshine and the rain;
Look at the hills, look at the trees and mountains,
Valley and flowing river, field and plain:

땅을 보아라: 과일과 꽃을 산출해 내는
하늘을 보아라, 햇빛과 비를
언덕들을 보아라,
나무들과 산들을 보아라
계곡 그리고 흐르는 강, 들판과 평야(를 보아라)

(refrain)

(후렴)

Think of the spring, Think of the warmth of summer
Bringing the harvest before the winters cold.
Everything grows, everything has a season,
Til' it is gathered to the fathers fold:

봄을 생각하라, 여름의 따스함을 생각하라

겨울의 추위 전에 수확을 거두어라
모든 것은 자란다, 모든 것은 때가 있다
아버지의 울타리로 모이기 전까지

(refrain)

(후렴)

Every good gift,
all that we need and cherish
Comes from the Lord in token of his love:
We are his hands,
stewards of all his bounty:
His is the earth and his the heavens above:

모든 좋은 선물,
우리가 필요로 하고 아끼는 모든 것(은)
그의 사랑의 표시로써, 하나님으로부터 온다
우리는 그(하나님)의 일손들이다,
모든 그의 하사품의 청지기들이다:
그의 것은 지구이고 그의 것은 저위 하늘 이다

(refrain) All things come of thee

(후렴) 모든 것들은 당신으로부터 옵니다

※ 상기 번역은 영어공부를 위한 해석(직역)이며 공인된 한글 번역곡(가사)은 아님을 알려드립니다.

✠ 성경말씀

앞서 배운 영어찬양과 관련된 성경말씀을 알아봅시다!!

And God saw every thing that he had made, and, behold, it was very good. And the evening and the morning were the sixth day. (Genesis 1:31, KJV)

하나님이 지으신 그 모든 것을 보시니 보시기에 심히 좋았더라 저녁이 되고 아침이 되니 이는 여섯째 날이니라 (창세기 1:31)

And God blessed them, and God said unto them, Be fruitful, and multiply, and replenish the earth, and subdue it: and have dominion over the fish of the sea, and over the fowl of the air, and over every living thing that moveth upon the earth. (Genesis 1:28, KJV)

하나님이 그들에게 복을 주시며 하나님이 그들에게 이르시되 생육하고 번성하여 땅에 충만하라, 땅을 정복하라, 바다의 물고기와 하늘의 새와 땅에 움직이는 모든 생물을 다스리라 하시니라 (창세기 1:28)

The day is yours, and yours also the night; you established the sun and moon. It was you who set all the boundaries of the earth; you made both summer and winter. (Psalms 74:16~17)

낮도 주의 것이요 밤도 주의 것이라 주께서 빛과 해를 마련하셨으며 주께서 땅의 경계를 정하시며 주께서 여름과 겨울을 만드셨나이다 (시편 74:16~17)

By wisdom the LORD laid the earth's foundations, by understanding he set the heavens in place; (Proverbs 3:19)

여호와께서는 지혜로 땅에 터를 놓으셨으며 명철로 하늘을 견고히 세우셨고, 그의 지식으로 깊은 바다를 갈라지게 하셨으며 공중에서 이슬이 내리게 하셨느니라 (잠언 3:19)

He has made everything beautiful in its time. He has also set eternity in the hearts of men; yet they cannot fathom what God has done from beginning to end. (Ecclesiastes 3:11)

하나님이 모든 것을 지으시되 때를 따라 아름답게 하셨고 또 사람들에게는 영원을 사모하는 마음을 주셨느니라 그러나 하나님이 하시는 일의 시종을 사람으로 측량할 수 없게 하셨도다. (전도서 3:11)

I will praise you, O Lord, with all my heart; I will tell of all your wonders (Psalms 9:1)

내가 전심으로 여호와께 감사하오며 주의 모든 기이한 일들을 전하리이다 (시편 9편 1장)

Each one should use whatever gift he has received to serve others, faithfully administering God's grace in its various forms.(1 peter 4:10)

각각 은사를 받은 대로 하나님의 여러 가지 은혜를 맡은 선한 청지기 같이 서로 봉사하라 (베드로전서 4:10)

(Genesis 1:28) **replenish** 채우다(=fill), 공급하다, 새로 보충(보급)하다
　　　　　　 replenishment 공급물
　　　　　　 subdue 정복하다, 제압하다, (토지를)개간하다
　　　　　　 dominion 지배, 통제, 영토
(Ecclesiastes 3:11) **fathom** 깊이를 재다, 헤아리다

🗨️ 성경 말씀(REMIND)

앞서 배운 성경말씀을 소리 내어 읽어보고 해석해 보세요!!

And God saw every thing that he had made, and, behold, it was very good. And the evening and the morning were the sixth day. (Genesis 1:31, KJV)

And God blessed them, and God said unto them, Be fruitful, and multiply, and replenish the earth, and subdue it: and have dominion over the fish of the sea, and over the fowl of the air, and over every living thing that moveth upon the earth. (Genesis 1:28, KJV)

The day is yours, and yours also the night; you established the sun and moon. It was you who set all the boundaries of the earth; you made both summer and winter. (Psalms 74:16~17)

By wisdom the LORD laid the earth's foundations, by understanding he set the heavens in place; (Proverbs 3:19)
by his knowledge the deeps were divided, and the clouds let drop the dew.

He has made everything beautiful in its time. He has also set eternity in the hearts of men; yet they cannot fathom what God has done from beginning to end. (Ecclesiastes 3:11)

I will praise you, O Lord, with all my heart; I will tell of all your wonders (Psalms 9:1)

Each one should use whatever gift he has received to serve others, faithfully administering God's grace in its various forms.(1 peter 4:10)

Puzzle 16

' LOOK AT THE WORLD ' 에서 배웠던 단어들로 퍼즐(puzzle)을 완성해 봅시다!

Across_가로

2 은혜, 선물, 재능
4 (= wonder) 놀라운 것, 경이, 불가사의
지구를 뜻하는 말로 유명한 보드게임
이름이기도 합니다, blue ____
5 아끼다, 귀여워하다, 간직하다
8 창조
10 추수, 수확, 수확하다
12 모으다, 수집하다
A rolling stone ____s no moss
13 나누다(공유하다), 분배하다, 몫, 할당
14 세상, 세계

Down_세로

1 들판, 넓게 펼쳐진 장소, 경기장, 분야
3 표, 상징, 기념품
in ____ of ~의 표시로서
4 기적
6 하사품, 축하금, 보상금
7 찬송, 찬미, 칭찬
9 축복하다 God ____ you!
11 청지기, 집사, 지배인, 사무장,
승무원 ____ess 여성 승무원

MEMO

17th

Joy to the world the Lord has come

Joy to the world! the Lord has come: Let earth re-
Joy to the earth! the Sav-iour reigns: Let men their
No more let sins and sor-rows grow, Nor thorns in-
He rules the world with truth and grace, And makes the

ceive her king; Let ev-ery heart pre-pare Him
songs em-ploy; While fields and floods, rocks, hills, and
fest the ground; He comes to make His bless-ings
na-tions prove The glo-ries of His right-eous-

room, And heav'n and na-ture sing, And heav'n and na-ture
plains Re-peat the sound-ing joy, Re-peat the sound-ing
flow Far as the curse is found, Far as the curse is
ness, And won-ders of His love, And won-ders of His

sing, And heav'n and heav'n and na-ture sing.
joy, Re-peat, re-peat the sound-ing joy.
found, Far as, far as the curse is found.
love, And won-ders, won-ders of His love.

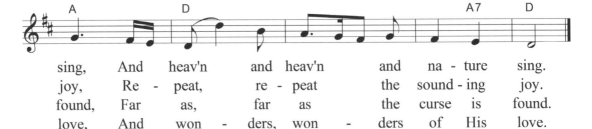

◇ QR코드를 스캔하여 유튜브로 들어보세요!!

◇ 유튜브(www.youtube.com) 검색창에 아래와 같이 입력하고 돋보기를 클릭해도 됩니다.

Joy to the world the Lord has come   🔍

Joy to the world! The Lord has come
Let earth receive her King!
Let every heart prepare Him room
And heaven and nature sing × 2
And heaven, and heaven and nature sing

Joy to the world! the Savior reigns
Let men their songs employ
While fields and floods; Rocks, hills and plains
Repeat the sounding joy × 2
Repeat, repeat the sounding joy

No more let sin and sorrow grow
Nor thorns infest the ground
He comes to make; His blessings flow
Far as the curse is found × 2
Far as, far as the curse is found

He rules the world with truth and grace
And makes the nations prove
The glories of His righteousness
And wonders of His love × 2
And wonders and wonders of His love

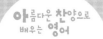

🎙 노래 알아보기

 우리가 잘 알고 있는 크리스마스 캐럴(Christmas carol)이며 찬송가 115장인 이곡은 아이작 왓츠(Isaac Watts, 1674~1748)의 찬송시에 로웰 메이슨(Lowell Mason, 1792~1872)이 곡을 붙여 만들었습니다.

 이곡의 작사자인 아이작 왓츠(Isaac Watts) 목사님은 성경의 시편 98장을 기반으로 이 곡을 썼다고 합니다. 왓츠는 영국에서 태어났고 에딘버러(Edinburgh) 대학에서 신학박사 학위를 받았으며, 교육자, 목회자이며 찬송시 작사자로 유명합니다. 당시 성경 시편을 변형하지 않고 그대로 찬송으로 부르던 시대에 700여 편의 은혜롭고 아름다운 음율의 찬송시를 작곡하여 전파함으로써 와츠는 영국 찬송가의 아버지라고도 불리고 있습니다.

 이 곡의 작곡가 로웰 메이슨(Lowell Mason, 1792~1872)은 1836년 이곡을 작곡했습니다. 메이슨은 처음에는 양복점에서 일하다가 은행가가 되었지만, 음악에 소질이 있어서 교회에서 성가대 지휘자와 오르간반주자로 활동하면서 여러 교회음악을 작곡하였습니다. 메이슨은 처음에는 이름을 숨기고 작곡했지만, 점점 많은 교회의 음악감독을 맡게 되었습니다. 우리가 잘 알고 있는 찬송가 338장 '내주를 가까이 하게 함은(Nearer My God to Thee)'도 메이슨이 작곡한 곡입니다.

 메이슨은 'Joy to the World'의 음률을 헨델(George Frederick Handel, 1685~1759)의 유명한 클래식 음악인 메시아(Messia)에서 리듬을 빌려와 작곡하였다 합니다.

 우리에게 친숙한 바로크시대 음악가인 헨델은 50대 중반에 자신이 운영하던 극장의 파산과 질병으로 크게 고통 받고 있던 중 비참하고 낙담한 상태에서 굳은 결의로 기도를 시작했으며 기도 중 받은 영감으로 24일이라는 짧은 기간 동안 기적적으로 260페이지에 달하는 3부작 '메시아'를 완성하였고, 완성된 악보(manuscript)의 가장 마지막에는 하나님 홀로 영광 받으소서(SDG, Soli Deo Gloria, To God alone the glory) 라고 적었다 합니다. 이곡과 함께 헨델의 메시아도 같이 들어보길 바랍니다.

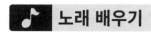 **노래 배우기**

Joy / to the World, / the Lord / has come
기쁨 있으라 / 세상에 / 주님이 / 오셨다

joy 기쁨 ▶ **joyful** 기쁜, 아주 기뻐하는 ▶ Joy to ~ ~에 기쁨을(기쁨이 있을 지어다)
world 세상, 세계
Lord (대문자로 써서)하나님, 군주, 영주
come 오다(come-came-come)

Let / earth / receive / her King;
하여라 / 땅(이여)/ 받으라 / 그녀의 왕(을);

let ~ ~을 하게 하다, 시키다 ▶ let me introduce myself 제 소개를 하겠습니다
earth 땅, 지구 ↔ **heaven** 하늘, 천국
receive 환영하다, 받다, 받아들이다 ↔ **serve** 주다, 제공하다, 이바지하다
her 그녀의, 여기서는 땅을 여성으로 표현하여
king 왕 ▶ queen 왕비

Let / every heart / prepare / Him / room,
하여라 / 모든 마음은 / 준비하라 / 그에게 / 집(을)

every 예외 없이 모든 ▶ all 모든 ▶ whole 빈틈없이 모두, 완전히
heart 마음, 심장 ▶ heart beat 심장 박동
prepare 준비하다, 대비하다 ▶ prepare A B A에게 B를 준비해 주다, He prepared me a delicious dinner 그는 나에게 맛있는 저녁을 준비해 주었다.
▶ preparation 준비, 대비
Him 그를, 그에게, 여기서는 대문자로 쓰여 '하나님'을 의미
room 방 ▶ family room(= living room) 거실

And / Heaven and nature / sing,
그리고 / 하늘과 자연(은) / 노래하라

heaven 천국, 하늘 ↔ **earth** 지구, 땅
nature 자연, 천성, 본성 ▶ divine nature 신성한 성품 ▶ natural 자연스러운, 타고난
sing 노래하다(=sing-sang-sung) ▶ singer 가수

Joy / to the World, / the Savior / reigns!
기쁨 있으라 / 세상에 / 주님이 / 다스리신다!

savior 구세주, 구원자
reign 다스리다(=rule), 다스리는 기간, 통치
▶ reign of Christ 예수님의 통치

Let / men / their songs / employ
하여라 / 사람들이 / 그들의 노래들(을) / 사용하도록

their 그들의 ▶ they 그들
song 노래 ▶ sing 노래하다
employ 사용하다(use), 고용하다 ▶ employer 고용한 사람 ↔ employee 고용된 사람

While / fields and floods; / Rocks, hills and plains
까지 / 들판들과 강들;   / 바위들, 언덕들, 그리고 평야들

every 예외 없이 모든 ▶ all 모든 ▶ whole 빈틈없이 모두, 완전히
while ~까지, ~하는 동안
field 들판, 경기장, 분야 ▶ green field 푸른 들판 ▶ golf field 골프 경기장
flood 밀물, 홍수, 큰(강)물 ▶ Noah's Ark and the great Flood 노아의 방주와 대홍수
rock 바위 ▶ rocky 바위가 많은, 바위의
hill 동산(낮은 산) < mountain 산(높은 산)
plains 평야, 평원, 평지 ▶ plain 분명한, 솔직한, 평범한
▶ plain yoghurt (과일, 설탕 등) 다른 것을 넣지 않은 요구르트

Repeat / the sounding joy
반복하라 / 울려 퍼지는 기쁨(을)

repeat 반복하다, 되풀이하다, 따라하다 ▶ listen and repeat 듣고 따라하세요
▶ repeat a refrain / 후렴구를 반복하세요
sounding 소리나는, 울려퍼지는, (의견)조사 ▶ sounding bell 울려퍼지는 종 ▶
▶ resounding (길게) 울려퍼지는 ▶ resounding gong 길게 울려퍼지는 징

No more let / sin and sorrow / grow
더 이상 허락하지 말라 / 죄와 슬픔이   / 자라도록

let 허락하다 ▶ let me introduce myself 나를 소개하도록 허락해 주세요
sin 죄(특히 종교적인 죄), 죄악, 잘못, 죄짓다 ▶ sinful 죄가 되는, 나쁜
sorrow (매우 큰) 슬픔, (매우) 슬픈 일, 슬퍼하다 ▶ sorrowful 슬픈

Nor thorns infest / the ground
또한 가시나무들도 뒤덮지마라 / 땅(을)

nor ~도(또한) 아니다
▶ Neither money nor honor can comfort me 돈이나 명예도 나를 위로 할 수 없다
thorn 식물의 가시, 가시나무
infest (곤충, 쥐, 병 등 안 좋은 것이) 들끓다, 우글거리다
ground 땅, 토양, 지면, 근거 ▶ ground infested with thorn 가시나무로 뒤덮여 있는 땅

He comes / to make   / His blessings flow

그가 오신다 / 만들기 위해서 / 그의 축복이 흘러넘치게

come to make ~ ~ 을 만들기 위하여 오다
blessing 축복, 허락 / bless 축복하다
▶ God bless you! 그대에게 하나님의 축복이 있기를!
flow (물 등의)흐름, 흐르다, 몰입

Far as   / the curse is found

멀리까지도 / 문제가 발견되는

far 먼, 멀리 ▶ far from~ ~로부터 먼
far as ~ ~ 까지 ▶ as far as ~ 하는 한
curse 저주, 골칫거리, 악담
▶ 속담 Curses come home to roost (남에게 저주하면) 저주가 뿌리 내리러 집에 온다
found 찾았다(find-found-found)

He / rules   / the world / with truth and grace

그는 / 다스리신다 / 세상(을) / 진실과 은혜로

rule 통치하다(=reign), 다스리다, 규칙, 원칙 ▶ ruler (길이를 재는 경우 사용하는) 자
truth 진실, 진리 ↔ falsehood 거짓, 가짜
▶ true 진짜인, 사실인, 맞는 ↔ false 가짜인, 가짜의, 거짓의
▶ 속담 The truth will come out 진실은 드러나게 마련이다
grace 은혜, 은총, 우아함, 품위, 예의, 식사전 기도 ▶ grace of God 신의 은혜(은총)

And makes the nations prove
= And / He makes / the nations prove / the glories ← of His righteousness

그리고 / 그는 만든다 / 나라들이 증명하도록 / 영광들을 ← 그의 의(義)의

nation 나라, 국가, 민족

prove 입증(증명)하다, 드러나다 ▶ It will prove true 그것은 사실임이 드러날 것 이다

glory 영광, 영애, 찬양

▶ Glory to God in the highest 지극히 높은곳에 계신 하느님께 영광

righteousness 의로움, 정의, 정도, 공의 ▶ righteous 의로운, 옳은, 정의로운, 당연한

▶ path of righteousness 의(義)의 길

▶ What if there are five righteous people in the city? 그 도시에 다섯 명의 의인이 있다면 어떻게 하시겠습니까?

And wonders of His love
= And / (He makes / the nations prove) wonders ← of His love

그리고 / (그는 만든다 / 나라들이 증명하도록) / 경이로움들을 ← 그의 사랑의

wonder 놀라움, 경이로운(것), 궁금해하다

▶ the wonders of modern technology 현대 과학기술의 경이

love 사랑, 애정, 사랑하다

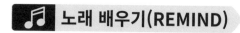 **노래 배우기(REMIND)**

아래와 같이 앞서 배웠던 단어나 문구의 뜻을 말해보고 각자 문장을 만들어 보세요!!

Joy to the World, the Lord has come

joy _기쁨_ / **joyful** _기쁜_ / **joy to** _~에 기쁨을_
world _세상, 세계_
Lord _(대문자로 써서)하나님, 군주, 영주_
come _오다_ (come - _____ - come)

Let earth receive her King;

let ▸ let me introduce myself
earth ↔ **heaven**
receive ↔ **serve**
her
king ▸ queen

Let every heart prepare Him room,

every ▸ whole
heart ▸ heart beat
prepare ▸ preparation
room ▸ family room (= _____)

And Heaven and nature sing,

heaven ↔
nature ▸ divine nature ▸ natural
sing (= **sing** - _____ - **sung**) ▸ singer

Joy to the World, the Savior reigns!

savior
reign ▸ rule

Let men their songs employ

their ▸ they
song ▸ sing
employ ▸ employer ↔ employee

While fields and floods; Rocks, hills and plains

while
field ▸ green field ▸ golf field
flood ▸ Noah's Ark and the Great Flood
rock ▸ rocky
hill < mountain
plains ▸ plain ▸ plain yoghurt

Repeat the sounding joy

repeat ▸ listen and repeat ▸ repeat a refrain
sounding ▸ sounding bell
▸ resounding ▸ resounding gong

No more let sin and sorrow grow

let ▸ let me introduce my self
sin ▸ sinful
sorrow ▸ sorrowful

Nor thorns infest the ground

nor
thorn
infest
ground ▸ ground infested with thorn

He comes to make His blessings flow

come to make
blessing ▸ bless
▸ God bless you!
flow

Far as the curse is found

far _____ ▷ far from ~
far as _____ ▷ as far as _____
curse _____
  ▷ 속담 Curses come home to roost _____
found _____ (find - _____ - _____)

He rules the world with truth and grace

rule _____ ▷ ruler _____
truth _____ ↔ _____
  ▷ **true** _____ ↔ _____
  ▷ 속담 The truth will come out _____
grace _____ ▷ grace of God _____

And makes the nations prove

nation _____
prove _____ ▷ It will prove true _____

The glories of His righteousness

glory _____ ▷ Glory to God in the highest _____
righteousness _____ ▷ righteous _____
  ▷ path of righteousness _____
  ▷ What if there are five _____ people in the city?

And wonders of His love

wonder _____ ▷ the wonders of modern technology _____

영한번역

Joy to the world! The Lord has come	세상에 기쁨 있으라 주님이 오셨다
Let earth receive her King!	땅이여 그녀의 왕을 환영할 준비를 하라
Let every heart prepare Him room	모든 마음은 그를 위한 방을 마련하라
And heaven and nature sing	그리고 하늘과 자연은 노래하라
And heaven and nature sing	그리고 하늘과 자연은 노래하라
And heaven, and heaven and nature sing	그리고 하늘과 자연은 노래하라
Joy to the world! the Savior reigns	세상에 기쁨 있으라 구세주가 다스리신다
Let men their songs employ	사람들은 그들의 노래를 사용 하여라
While fields and floods; Rocks, hills and plains	들판들과 강들까지; 바위, 언덕, 그리고 평야(까지)
Repeat the sounding joy	반복하라 울려 퍼지는 기쁨을
Repeat the sounding joy	반복하라 울려 퍼지는 기쁨을
Repeat, repeat the sounding joy	반복하라 반복하라 울려 퍼지는 기쁨을
No more let sin and sorrow grow	더 이상 죄와 슬픔이 자라지 못하도록 하라
Nor thorns infest the ground	또한 가시나무가 땅을 뒤덮지 못하도록 하라
He comes to make; His blessings flow	그는 그의 축복이 넘쳐흐르게 하려고 오신다
Far as the curse is found	멀리까지라도 문제가 발견되는
Far as the curse is found	멀리까지라도 문제가 발견되는
Far as, far as the curse is found	멀리까지라도 멀리까지라도 문제가 발견되는
He rules the world with truth and grace	그는 진실과 은혜로 세상을 다스리신다
And makes the nations prove	그리고 나라들이 드러내도록 만드신다
The glories of His righteousness	그의 의로움의 영광들을
And wonders of His love	그리고 그의 사랑의 놀라움들을
And wonders of His love	그리고 그의 사랑의 놀라움들을
And wonders and wonders of His love	그리고 그의 사랑의 놀라움들을 놀라움들을

✠ 성경말씀

앞서 배운 영어찬양과 관련된 성경말씀을 알아봅시다!!

But the angel said to them, "Do not be afraid. <u>I bring you good news of great joy that will be for all the people</u>. (Luke 2:10)

천사가 이르되 무서워하지 말라 보라 <u>내가 온 백성에게 미칠 큰 기쁨의 좋은 소식을 너희에게 전하노라</u>. (누가복음 2:10)

He came to that which was his own, but his own did not receive him.
<u>Yet to all who received him, to those who believed in his name, he gave the right to become children of God</u>
- children born not of natural descent, nor of human decision or a husband's will, but born of God.
The Word became flesh and made his dwelling among us. <u>We have seen his glory, the glory of the One and Only, who came from the Father, full of grace and truth</u>. (John 1:11~14)

자기 땅에 오매 자기 백성이 영접하지 아니하였으나
<u>영접하는 자 곧 그 이름을 믿는 자들에게는 하나님의 자녀가 되는 권세를 주셨으니</u> 이는 혈통으로나 육정으로나 사람의 뜻으로 나지 아니하고 오직 하나님께로부터 난 자들이니라
말씀이 육신이 되어 우리 가운데 거하시매 <u>우리가 그의 영광을 보니 아버지의 독생자의 영광이요 은혜와 진리가 충만하더라</u>. (요한복음 1:11~14)

"For <u>God so loved the world that he gave his one and only Son</u>, that whoever believes in him shall not perish but have eternal life. (John 3:16)

<u>하나님이 세상을 이처럼 사랑하사 독생자를 주셨으</u>니 이는 그를 믿는 자마다 멸망하지 않고 영생을 얻게 하려 하심이라. (요한복음 3:16)

But the fruit of the Spirit is love, joy, peace, patience, kindness, goodness, faithfulness, gentleness and self-control. Against such things there is no law. (Galatians 5:22~23)

오직 성령의 열매는 사랑과 희락과 화평과 오래 참음과 자비와 양선과 충성과 온유와 절제니 이같은 것을 금지할 법이 없느니라. (갈라디아서 5:22~23)

(John 1:13) **descent** 하강, 급습, 내리막, 혈통, 상속
(John 1:14) **flesh** 살(뼈나 가죽과 대비하여), 육체, 육욕, 정욕
        dwelling 집, 거주지, 주소
(John 3:16) **perish** 멸망하다, 전사하다 ▶ He who lives by the sword will perish by the sword 칼로 흥한 자는 칼로 망한다.

🔊 성경 말씀(REMIND)

앞서 배운 성경말씀을 소리 내어 읽어보고 해석해 보세요!!

But the angel said to them, "Do not be afraid. <u>I bring you good news of great joy that will be for all the people</u>. (Luke 2:10)

He came to that which was his own, but his own did not receive him.
<u>Yet to all who received him, to those who believed in his name, he gave the right to become children of God</u> - children born not of natural descent, nor of human decision or a husband's will, but born of God.
The Word became flesh and made his dwelling among us. <u>We have seen his glory, the glory of the One and Only, who came from the Father, full of grace and truth</u>. (John 1:11~14)

"For <u>God so loved the world that he gave his one and only Son</u>, that whoever believes in him shall not perish but have eternal life. (John 3:16)

But the fruit of the Spirit is love, joy, peace, patience, kindness, goodness, faithfulness, gentleness and self-control. Against such things there is no law. (Galatians 5:22~23)

Puzzle 17

' JOY TO THE WORLD, THE LORD HAS COME ' 에서 배웠던 단어들로 퍼즐(puzzle)을 완성해 봅시다!

Across_가로

2 축복하다,
God _____ you!
당신에게 하나님의   축복이 있기를!

6 방, family _____ 거실

8 영광, 영애, 찬양

9 준비하다, 대비하다

10 세상, 세계

12 다스리다, 다스리는 기간, 통치 (=rule)

13 입증하다, 증명하다, 드러나다

Down_세로

1 환영하다, 받다, 받아들이다
↔ serve 주다, 제공하다

3 동산(낮은 산) < mountain 산(높은 산)

4 (매우 큰) 슬픔, (매우) 슬픈 일, 슬퍼하다,

5 기쁨

7 자연, 천성, 본성

8 땅, 토양, 지면, 근거

11 안으로 ↔ OUT 밖으로

14 바위, _____-SCISSOR-PAPER

정답은 책의 뒤편에서 확인하세요

APPENDIX 1
- Proverbs and Golden saying (속담과 금언) -

속담(proverb)은 대부분 비슷한 음의 규칙적 반복인 운율(rhyme, 라임)이 있고 재치있으면서도 지혜가 담겨있어 영어를 배울 때 암기하면 아주 좋습니다. 예를 들어 다음 두가지 속담을 볼까요. 모험하지 않으면 얻는 것이 없다는 속담인 Nothing ventured, nothing gained [낫띵 벤쳐드, 낫띵 게인드]에서 'ed' 발음이 두 번나면서 운율을 이루고 있습니다. 죽음없이 탄생없다는 속담인 No birth without death 여기서도 'th'발음이 두 번 반복되어 운율이 있습니다 이와 같이 속담은 운율을 포함하고 있고 내용에도 지혜가 담겨있어 영어공부할 때 암기하면 아주 좋습니다 .

그리고 외국 사람과 대화할 때 아래처럼 속담을 사용하여 말을 하면 아주 유식해 보이기도 합니다 ^^*/
외국사람 : It'been a long time. 오랜만이네.
나 : Yes, time flies like an arrow. 맞아, 시간이 화살처럼 빨리 지나가네.
　　　How have you been? 어떻게 지냈니?

참고로 아래 영어 속담의 한글 번역은 의역이 아닌 직역이라 조금 어색할 수 있지만 영어공부를 위해서 더 바람직한 직역을 해놓았습니다. 전체 속담이 많지 않은 분량이니 모든 속담을 다 외워 유식한 영어박사가 되봅시다.

* 표시는 이 책에 예문으로 사용된 속담입니다.

A bad workman always blames his tools	서투른 일꾼은 항상 그의 연장들을 비난한다(탓한다, 나무란다)
A bird in the hand is worth two in the bush.	손 안에 있는 한 마리 새가 덤불 안에 있는 두 마리 새보다 가치있다. (남의 돈 천냥보다 내 돈 한냥)
A cat has nine lives	고양이는 아홉 개의 생명을 가지고 있다 (생명은 끈질기다)
A cat may look at a king	고양이라도 왕을 쳐다볼 수 있다

A drowning man will catch at a straw

물에 빠지고 있는 사람은 지푸라기 하나라도 잡으려 한다

A fog cannot be dispelled with a fan

안개는 부채 하나로 흩어버릴 수 없다
(혼자 힘으로 대세를 거스를 수 없다)

* A friend in need is a friend indeed

필요할 때 친구가 진정한 친구

A friend's frown is better than a fool's smile

친구의 찌푸림은 바보의 웃음보다 낫다
(나의 잘못에 대해 언짢은 얼굴을 해주는 친구가 중요하다)

A good Jack makes a good Jill

좋은 Jack은 좋은 Jill을 만든다
(좋은 남편이 좋은 아내를 만든다)

A new broom sweeps clean

새 빗자루가 깨끗하게 쓸어낸다

* A rolling stone gathers no moss

구르는 돌에는 이끼가 끼지 않는다
(moss가 긍정적 의미로는 '우물도 한 우물을 파라', moss가 부정적 의미로는 '부지런해야 녹이 슬지 않는다')

* A sound mind in a sound body

건강한 신체에 건전한 정신

A stitch in time saves nine
* = There is a time for everything

적당한 때 한 땀이 아홉 땀의 수고를 덜어준다

A watched pot never boils

지켜봐지는 주전자는 끓지 않는다

A wonder lasts but nine days

놀라움도 단지 9일동안 지속된다

* After a storm comes a calm

폭풍우 후에 고요함이 온다(苦盡甘來, 고진감래)

After death, to call the doctor

죽은 후에 의사를 부른다

= Lock(Mend) the stable(barn) after the horse is stolen

말 잃고 마구간(헛간) 잠그기(수리하기)
(소 잃고 외양간 고치기)

All his geese are swans	모든 그의 거위들은 백조들이다 (고슴도치도 제 자식 예쁘다)
All is well that ends well	끝이 좋은 모든 것은 좋다 (시작 보다는 끝 마무리가 중요하다)
* All that's fair must fade	아름다운 것은 모두 반드시 시들기 마련이다
All work and no play makes Jack a dull boy	공부만 하고 놀지 않는 것은 잭을 우둔한 소년으로 만든다 = 공부만 시키고 놀리지 않으면 아이를 바보 로 만든다
Among the blind, the one-eyed is king	장님들이 있는 곳에는 한눈을 볼 수 있는 사람이 왕이다 (호랑이 없는 곳에 여우가 설쳐댄다.)
= When the cat is away, the mice will play	고양이가 떠나면 생쥐들이 놀 것이다(호랑이 없는 곳에 여우가 설쳐댄다.)
= When the cat is away, the mice will play	구르는 돌에는 이끼가 끼지 않는다 (moss가 긍정적 의미로는 '우물도 한 우물을 파라', moss가 부정적 의미로는 '부지런해야 녹이 슬지 않는다')
* Art is long, life is short	예술은 길고, 인생은 짧다
* As long as there's life, there's hope	생명이 있는 한 희망이 있다
As the twig is bent, so grows the tree	잔가지가 굽어있는 대로, 그 나무가 자란다 (될 성부른 나무는 떡잎부터 알아본다, 어릴 때 안 좋은 습관은 고쳐주어야 한다)
Attack is the best defence	공격이 최선의 방어이다
*Avarice(Greed) blinds our eyes	탐욕은 우리의 눈을 멀게 한다
Bad news has wings	나쁜 소식은 날개들을 가지고 있다 (나쁜 소식은 빨리 퍼진다)
Barking dogs seldom bite	짖는 개들은 좀처럼 물지 않는다

* Beauty is but(only) skin deep　　　　　아름다움은 단지 피부의 두께에 불과하다

* = Don't judge a book by its cover　　　책의 표지로 책을 판단하지 말라

* = Never judge someone by their
　　　 appearance　　　　　　　　　　　사람을 그들의 외모로 절대 판단하지 말라

  = All that glitters is not gold　　　　반짝이는 모든것이 다 금은 아니다

Beauty is in the eye of the beholder.　아름다움은 보는 사람의 눈안에 있다
　　　　　　　　　　　　　　　　　　　(제 눈에 안경)

* Better be alone than in bad company　나쁜 친구를 사귀는 것보다는 혼자가 낫다

* Better late than never　　　　　　　늦는 것이 안 하는 것보다는 낫다

Birds of a feather flock together.　　같은 깃털의 새들은 같이 떼를
　　　　　　　　　　　　　　　　　　　이룬다(유유상종, 類類相從)

= A man is known by the company he　그가 사귀는 친구에 의해서 그 사람을 알 수
keeps　　　　　　　　　　　　　　　　있다

Blood is thicker than water　　　　　피는 물보다 진하다

* Brevity is the soul of wit　　　　　간결함은 재치의 영혼

By other's fault wise man correct his own
다른 이들의 잘못에 의해 현명한 사람은
그 자신의 잘못을 바로잡는다
(타산지석, 他山之石)

Call a spade a spade　　　　　　　　삽을 삽이라고 불러라
　　　　　　　　　　　　　　　　　　　(있는 그대로 정직하게 말하라)

Care kills the cat
걱정이 고양이를 죽인다
(A cat has nine lives 라는 속담과 같이
아홉 개의 생명을 가졌다는 고양이도 걱정은
당해내지 못하나 보내요)

Cast(Throw) not your pearls before swine	멧돼지에게 진주를 던져주지 마라 (귀한 것의 진정한 가치를 모르는 자에게 그 귀한 것을 주지 마라)
* Charity begins at home	자선(자애)은 집에서 시작된다
* Curses come home to roost	저주는 뿌리를 내리러 집으로 온다 (남에게 저주하면 그 저주가 자기에게 돌아온다)
Cut your coat according to your cloth	너의 옷에 맞게 너의 코트를 줄여라 (분수에 맞게 생활해라)
Deeds, not words	행동들, 말들 말고 (말한하지 말고 실천해라)
Diligence is the mother of good fortune	근면은 좋은 운의 어머니 이다
Do(when) in rome as th Romans do	로마에서는 로마인들이 하는 대로 해라 (로마에서는 로마법을 따라라)
Do to others as you would be done by others	네가 다른 사람들에 의해 행해지고 싶은 대로 다른 사람에게 행하라 (대접받고 싶은 대로 행동하라)
Don't count your chickens before they are hatched	너의 병아리들이 알에서 깨어나기도 전에 세지 마라 (김칫국부터 마시지 마라)
Don't put all your eggs in one basket	모든 너의 달걀들을 한 바구니에 담지 마라 (위험 분산)
* Don't put new wine into old bottle	새 포도주를 오래된 병에 담지 마라(=새 술은 새 부대에)
* Don't put the cart before the horse	말 앞에 마차를 놓지 말아라(본말을 전도하지 마라)
Easy come, easy go	쉽게 들어 온 것은 쉽게 나간다
Empty vessels make the most sound	빈 수레들이 가장 큰 소리를 낸다(빈 수레가 요란하다)

Even Homer sometimes nods	호머(일리아드와 오디세이아를 쓴 그리스의 대문학가)라도 가끔은 존다(원숭이도 나무에서 떨어질때가 있다)
Every cloud has a silver lining	모든 구름은 은빛 테두리가 있다 (안좋은 일에도 좋은 면을 찾을 수 있다, 하늘이 무너져도 솟아날 구멍이 있다,)
Every dog has his day	모든 개는 그의 날을 가지고 있다 (쥐 구멍에도 볕들 날있다)
Everybody's business is nobody's business	공동 책임은 무책임
Familiarity breeds contempts	친밀함이 경멸을 낳는다 (너무 격의 없이 지내면 얕보게 된다)
Fine feathers make fine birds	아름다운 깃털들이 아름다운 새들을 만든다 (옷이 날개다)
Good medicine tastes bitter	좋은 약은 쓴 맛이 난다 (양약고어구, 良藥苦於口)
Grasp all lose all	모든 것을 움켜쥐면 모든 것을 잃는다
* Habit is a second nature	습관은 제2의 천성이다
= Old habit dies hard	오래된 습관은 어렵게 죽는다 (오래된 습관은 끈질기다, 고치기 어렵다)
Haste makes waste	서두름이 낭비를 만든다
He laughs best who laughs last	최후에 웃는 자가 가장 크게 웃는다 (최후에 웃는 자가 승자다)
He was born with a silver spoon in his mouth	그는 은수저를 입에 물고 태어났다 (부유하게 태어났다)
* He who lives by the sword will perish by the sword	칼에 의해서 사는 자는 칼에 의해서 죽는다 (칼로 흥한 자는 칼로 망한다)

He who makes no mistakes makes nothing	실수하지 않는 자는 아무것도 만들지 못한다
He who steals a pin will steal an ox	바늘을 훔치는 사람이 소를 훔치게 된다
* Heaven helps those who help themselves	하늘은 스스로 돕는 자를 돕는다
Heaven's vengeance is slow but sure	하늘의 복수는 느리지만 확실하다
Honesty is the best policy	정직은 최상의 방책(정책, 수단)이다
* However humble it may be, there is no place like home	아무리 누추해도 집만 한 곳은 없다
* Hunger is the best sauce	배고픔이 최고의 양념이다 (=시장이 반찬)
I dleness leads to failure	나태함은 실패로 이끈다
* In unity, there is strength	뭉치는 곳에 힘이 있다
= United we stand, divided we fall	뭉치면 우리는 서있고, 나뉘어지면 우리는 무너진다
* It is never too late to learn	배우기에는 절대로 늦지 않다
* = It is never too late to mend	고치기에 너무 늦은 때는 절대로 없다
It is no use crying over split milk	엎지러진 우유에 대해 우는 것은 소용없다 (지나간 일로 후회해도 소용없다)
= What is done cannot be undone.	일단 이루어진 것은 되돌릴 수 없다
It never rains but pours	쏟아 붓지 않고는 비가 내리지 않는다 (엎친 데 덮친 격)

It takes two to tango	탱고 춤을 추는 데는 두 명이 필요하다 (고장난명(孤掌難鳴))
Jack of all trade and master of none	모든 직업을 섭렵한 잭은 어떤 직업에도 거장이 아니다(만능은 무능)
Knowledge is power	아는 것이 힘이다
Leave a welcome behind you	너의 뒤에 환영을 남겨두어라 = 싫어할 정도로 남의 집에 오래 머물지 마라
Let sleeping dogs lie	자는 개들은 누워있도록 해라 (긁어 부스럼 만들지 마라)
Like father, like son	부전자전
Look before you leap	뛰기 전에 살펴라 (유비무환, 돌다리도 두드려 보고 건너라)
Love and reason don't go together.	사랑과 이성은 같이 가지 않는다 (사랑하면 눈이 먼다)
* Make hay while the sun shines	해가 비출 때 풀을 말려라 = 기회를 놓치지 말라 = 쇠뿔도 단김에 빼라
Making a mountain out of molehill	두더지가 파놓은 흙더미를 산이라 한다 = 침소봉대(針小棒大)
Man proposes, God disposes	사람은 계획하고 신이 처분한다
* Man shall not live by bread alone	사람은 빵만으로 사는 것이 아니다
Many a little makes a mickle	작은 것이 많이 모이면 많은 것을 만든다 (티끌 모아 태산)
= Look after the pence and the pounds will look after themselves	펜스를 소중이 여기면 파운드들이 스스로 돌볼 것이다
Many a true word is spoken in a jest	많은 진실한 말이 농담 중에 말해진다

* Many hands make light work	많은 손이 가벼운 일을 만든다 (백지장도 맞들면 낫다)
* = Two hands(heads) are better than one	두 개의 손이(머리가) 한 개보다 낫다
Match made in heaven	하늘에서 만들어진 혼인 (천생연분, 天生緣分)
Money makes the mare go	돈은 암말(암나귀, 암노새)을 가도록 할 수 있다(돈은 안 될 일도 되게 한다)
* Necessity is the mother of Invention	필요는 발명의 어머니
* Never put off till tomorrow what you can do today	오늘 할 수 있는 것을 내일로 미루지 말라
* = Live today as if there's no tomorrow	내일이 없는 것처럼 오늘을 살아라
No mill, no meal	방앗간(맷돌)이 없으면 음식이 없다
No news is good news	소식이 없는 것이 좋은 소식이다 (무소식이 희소식)
No birth, without death	죽음 없이 탄생 없다
* No pains, no gains	수고 없이 얻는 것이 없다
* No rose without a thorn	가시 없는 장미는 없다
* = Every rose has its thorn	모든 장미는 그의 가시를 가지고 있다
Nothing is impossible to industry	부지럼함에는 불가능이 없다 (부지런하면 안 될 일이 없다)
Nothing ventured, nothing gained	모험 없이, 얻는 것 없다

Old habit die hard	오래된 습관은 어렵게 죽는다(고집스럽게 남는다) = 세살 버릇 여든 간다
= You cannot teach an old dog new tricks	너는 늙은 개에게 새로운 재주를 가르칠 수 없다
* One good turn deserves another	하나의 좋은 행위는 다른 좋은 행위로 보상 받는다
One man's meat is another man's poison	한 사람의 고기는 또 다른 사람의 독이다 (갑의 약은 을의 독)
One that knows nothing fears nothing	아무것도 모르는 이는 아무것도 두려워하지 않는다 (무식한 놈이 겁 없다)
One swallow does not make a summer	제비 한 마리가 여름을 만들지 않는다
Old habit die hard	오래된 습관은 어렵게 죽는다(고집스럽게 남는다) = 세 살 버릇 여든 간다
Out of sight, out of mind	안보면 마음이 멀어진다
= Long absent, soon forgotten	오래 없으면 곧 잊혀진다
Out of the frying pan, into the fire	프라이팬에서 나와서 불속으로 (갈수록 태산)
Penny wise and pound foolish	페니는 현명하게 그리고 파운드는 바보처럼 (잔돈은 현명하게 쓰나 큰돈은 잘 못 씀)
Poverty breeds strife	가난은 다툼(분쟁)을 낳는다
Practice is better than precept	실천이 교훈보다 낫다
* Practice makes perfect	연습하면 완벽해진다

* Praises can make even a whale dance	칭찬은 고래까지도 춤추게 한다
Prevention is better than cure	예방이 치료보다 낫다
Pride goes before a fall	넘어짐에 앞서 자만심이 간다 (자만한 이후에 쓰러진다)
Rome was not built in a day	로마는 하루아침에 만들어지지 않았다 (큰 일은 단 기간에 이루어지지 않는다)
Seeing is believing	보는 것이 믿는 것이다 (백문이 불여일견)
Slow and steady wins the race	천천히 꾸준히 하면 경주에서 승리한다
So many men, so many minds	많은 사람들, 많은(다양한) 생각들 (各人各色, 각인각색)
= There is no accounting for tastes.	기호들은 셀 수 없다
Sour grapes	신 포도들 (이솝 우화에 나오는 이야기로 여우가 포도를 먹을 수 없게 되자 신포도 라며 포기함)
* Still waters run deep	잠잠한 물이 깊이 흐른다(=익은 벼일수록 고개 숙인다, 사려 깊은 사람은 말이 적다)
* = Empty vessels make the most sound	빈 그릇이 가장 큰 소리를 만든다
Strike while the iron is hot	철이 뜨거울 동안 때려라 (기회를 놓치지 마라)
Talk of the devil, and he is sure to appear	악마 이야기를 하면 그는 반드시 나타난다 (호랑이도 제 말하면 온다)
The best things in life are free	인생에서 가장 좋은 것들은 공짜이다

The early bird catches the worm	일찍 일어나는 새가 벌레를 잡는다
The grass is always greener on the other side of the fence	울타리 건너편의 풀이 항상 더 푸르게 보인다 (남의 떡이 커 보인다.)
The longest day will have an end	가장 긴 날도 끝이 있게 마련이다 (아무리 긴 날이라도 해는 저무는 법이다)
* The more you learn, the more you earn	더 많이 배울수록 더 많이 번다
* The pen is mightier than the sword	펜은 칼보다 강하다(文은 武보다 강하다 = 책, 언론기사 등이 폭력보다 더 효과적이다)
The pot calls the kettle black.	냄비가 주전자에게 검다 한다 (똥 묻은 개가 겨 묻은 개 나무란다)
* The truth will come out	진실은 드러나게(밝혀지게) 마련이다
There is a time for everything	모든 일에는 때가 있다
There is no royal road to learning	배움에는 왕도가 없다
There is no rule without exceptions	예외 없는 규칙은 없다
* There is no smoke without fire	불 없이 연기 없다(아니 땐 굴뚝에 연기나랴)
= No smoke, no fire	연기 없이 불 없다
= Where there's no smoke, there's no fire	연기 없는 곳에 불 없다
* Time and tide wait(s) for no man	세월은 사람을 기다려 주지 않는다
* Time flies like an arrow	세월은 화살과 같이 날아간다(세월은 유수와 같다)

Time heals all wounds	시간은 모든 상처를 치료한다 (시간이 약이다)
Time is money	시간이 돈이다
To be or not to be: that is the question	사느냐 죽느냐 그것이 문제로다 ('햄릿'에 나온 대사입니다)
To teach a fish how to swim	물고기에게 어떻게 수영하는지를 가르친다 (공자 앞에서 문자 쓴다)
Too many cooks spoil the broth	요리사가 많으면 국을 망친다 (사공이 많으면 배가 산으로 오른다)
Too much water drowned the miller	너무 많은 물이 방앗간 주인을 익사시켰다 (過猶不及, 과유불급)
Two of a trade seldom agree	같은 장사를 하는 두 사람은 드물게 동의한다(같은 장사끼리는 화합이 어렵다)
* Truth will prevail	진리는 승리한다
You can't eat your cake and have it	너는 너의 케익을 가지면서 먹을 수는 없다 (서로 반대되는 두 가지 일을 동시에 할 수는 없다)
= You win some, you lose some	어떤 것을 얻으면 어떤 것은 잃는다
You get what you pay for	네가 값을 치른 것을 너는 얻는다 (싼 게 비지떡)
* = You reap what you sow	네가 심은 것을 너는 거둘 것이다
* = As you sow, so shall you reap	심은 대로 너는 거둘 것이다
= As you make your bed, so you must lie	네가 너의 침대를 만든대로 너는 (그 침대에서) 자게 되리라

Virtue is its own reward	선행은 그 자체로 보답이 된다
Walls have ears	벽들은 귀들을 가지고 있다 (낮말은 새가 듣고, 밤 말은 쥐가 듣는다)
Waste not, want not	낭비하지 않으면, 부족하지 않다
Well begun is half done	잘 시작한 것은 반은 된 것이다 (시작이 반이다)
What cannot be cured must be endured	고칠 수 없는 것은 참아야 한다
* Where there is a will, there is a way	뜻이 있는 곳에 길이 있다
* While there is life, there is hope	생명이 있는 한 희망이 있다

APPENDIX 2
- crossword puzzle 정답 -

1ST DRAM ME CLOSE TO YOU

2ND GIVE THANKS

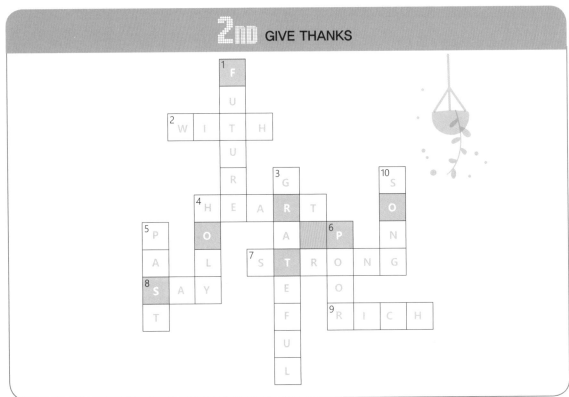

아름다운 **찬양**으로 배우는 **영어**

퍼즐 정답 맞추기 [3~4]

3RD GOD WILL MAKE A WAY

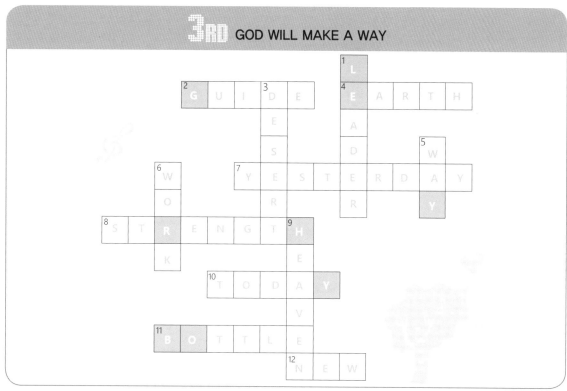

Across:
2. GUIDE
4. EARTH
7. YESTERDAY
8. STRENGTH
10. TODAY
11. BOTTLE
12. NEW

Down:
1. LEADER
3. DESERT
5. WAY
6. WORK
9. HEAVEN

4TH GOD IS THE STRENGTH OF MY HEART

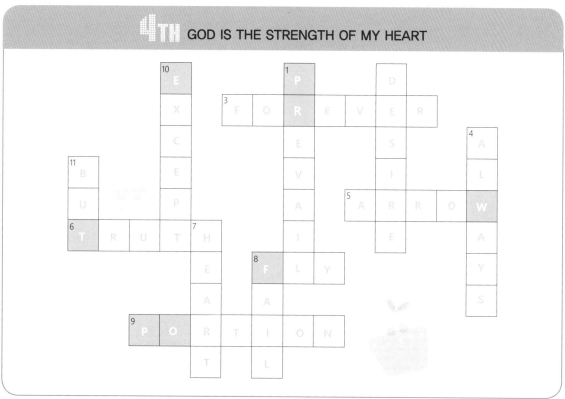

Across:
3. FOREVER
5. ARROW
6. TRUTH
8. FLY
9. PORTION

Down:
10. EXCEPT
1. PREVAIL
11. BUT
4. ALWAYS
7. HEART
8. FAIL

5TH IF I COME TO JESUS

6TH STANDING ON THE PROMISE

7TH STILL

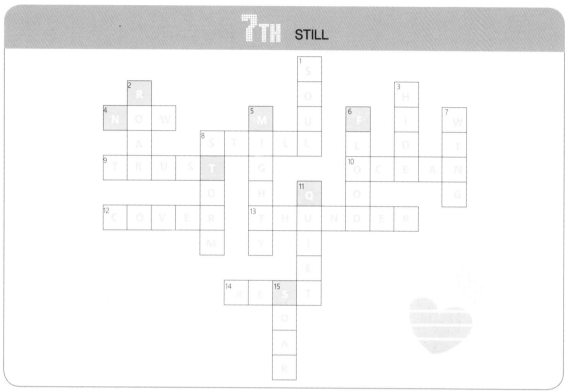

8TH HE NEVER SLEEP

9TH AMAZING GRACE

Across/Down answers:
- 1 SAFE
- 2 APPPARANEET (down: A P P P A R A N E E T)
- 3 BUT
- 4 THOUSSUND
- 5 TEACH
- 6 B
- 7 PRECIOUS
- 8 S
- 9 TEN
- 10 SWEET
- 11 BRIGHT
- 12 AMAZING
- 13 GRACE
- 14 DANGER
- 15 RESCUE
- 16 LOOST
- 17 HOME
- 18 SOUND

10TH THERE IS NONE LIKE YOU

Across/Down answers:
- 1 CHILDRED
- 2 TOUUTH
- 3 HEAL
- 4 LARR
- 5 STREAM
- 6 MERCY
- 7 RIVER
- 8 ETERNAL
- 9 NOING
- 10 LIKE
- 11 FIN
- 12 WIDE
- 13 FLOW
- 14 LORD
- 15 EN

퍼즐 정답 맞추기 [11~12]

11TH HEAR OUR PRAISE

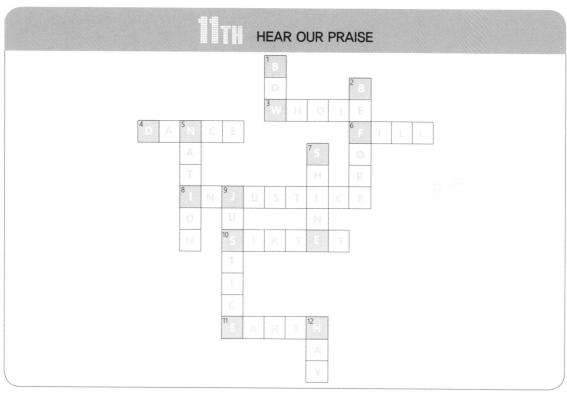

12TH YOU WILL NEVER WALK ALONE

퍼즐 정답 맞추기 [13~14]

13TH YOU RAISE ME UP

1 RAISE
2 HERE
3 HUNGER
4 GLIMPSE
5 SILENCE
6 SOUL
7 STORM
7 STILL
8 PERFECT
9 WAIT
10 TROUBLE
11 WALK
11 WITHOUT
12 WEARY
13 SHOULDER
14 BURDEN
15 RESTLESS

14TH ABOVE ALL

1 NATURE
2 ALONE
3 CRUCIFY
3 CREATION
4 POWER
5 ABOVE
6 MEASURE
7 ACCEPT
8 THRONE
9 TREASURE
9 TRAMPLE
10 WISDOM
11 KINGDOM
12 REJECT
13 WEALTH

퍼즐 정답 맞추기 [15~16]

15TH IN CHRIST ALONE

16TH LOOK AT THE WORLD

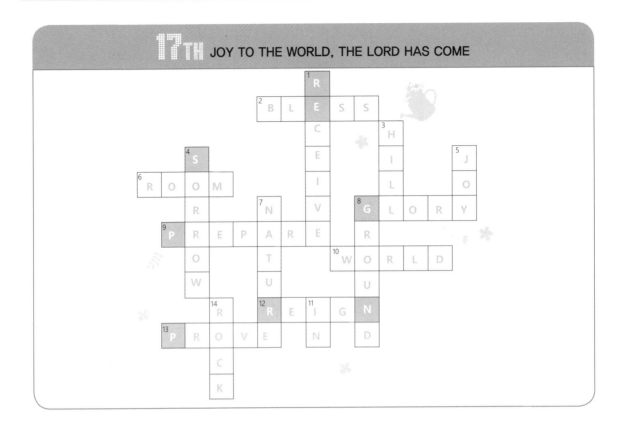

17TH JOY TO THE WORLD, THE LORD HAS COME

Reference (참고 문헌 · 자료)

1st Draw me close to you

http://kellycarpentermusic.com
http://www.crosswalk.com/church/worship/song-story-1182314.html

2nd Give thanks

헨리 스미스의 고백<거룩하신 하나님> :

http://kellycarpentermusic.com
http://www.crosswalk.com/church/worship/song-story-1182314.html

3rd God will make a way

http://songscoops.blogspot.com/2011/01/god-will-make-way-don-moen.html
돈 모엔의 고백 <나의 가는 길> :
http://www.cgntv.net/player/home.cgn?vid=37595&pid=771

4th God is the strength of my heart

https://www.newreleasetoday.com/albumdetail.php?album_id=3435
http://www.cgntv.net/player/home.cgn?vid=44925&pid=1110

5th If I come to Jesus

A Guide to the Principal Authors and Composers of Gospel Song of the Nineteenth Century by Wilhoit, Melvin Ross 1982
W.K. McNeil: "Doane, William Howard," Encyclopedia of American Gospel Music, ed. W.K. McNeil (New York, 2005), 103–4
Crosby, Fanny. "Fanny Crosby's story of ninety-four years, retold by S." Trevena Jackson. New York: Fleming H. Revell (1915).
Crosby, Fanny. "Fanny Crosby's life-story / by herself" Every Where Publishing Company(new york), 1903.
http://www.hymnary.org/person/Crosby_Fanny
http://www.hymntime.com/tch/bio/d/o/a/doane_wh.htm
http://www.hymntime.com/tch/htm/i/i/c/iic2jesu.htm
페니 제인 크로스비의 고백 <오 놀라운 구세주 예수 내 주> : http://www.cgntv.net/player/home.cgn?vid=37643&pid=771
젊은 시절 크로스비 여사 사진 :

http://www.christianity.com/church/church-history/church-history-for-kids/fanny-crosby-blind-hymnwriter-11634868.html

노년시절의 크로스비 여사 삽화 : Crosby, F. (1905), "Fanny Crosby's life-story", Every Where Publishing Company.

6th Standing on the Promise

http://healingandrevival.com/BioRKCarter.htm
https://www.umcdiscipleship.org/resources/history-of-hymns-stirring-promises-serves-as-popular-crusade-hymn
http://www.hymntime.com/tch/htm/s/t/a/n/standotp.htm
https://www.raptureforums.com/forums/threads/the-promises-of-god-10-powerful-bible-verses.101219/

7th Still

https://www.theworshipcommunity.com/reuben-morgan-interview/

4th God is the strength of my heart

https://www.newreleasetoday.com/albumdetail.php?album_id=3435
http://www.cgntv.net/player/home.cgn?vid=44925&pid=1110

8th He never sleep

https://www.christiantoday.com/article/don.moen.leads.japan.into.worship.for.first.time.in.four.years/7055.htm

9th Amazing grace

이동원 (2008), 「예수님의 거룩한 습관」, 두란노, 서울
Wilberforce, Robert Isaac, and Samuel Wilberforce (1839), The Life of William Wilberforce. Perkins
Bradley, Ian (1985), "Wilberforce the Saint", in Jack Hayward, Out of Slavery: Abolition and After, Frank Cass, pp. 79–81, ISBN 978-0-7146-3260-5
http://www.christianitytoday.com/ch/131christians/pastorsandpreachers/newton.html
http://www.gospelweb.net/JohnNewton/newtontombstone.htm
http://www.hymnary.org/person/Newton_John
https://www.youtube.com/watch?v=SrE3IEAh1GI
오스 기니스 (2000), 「소명」, 홍병룡역, 서울, IVP
원종국 (2006), 「위대한 영성가들: 현대인을 위한 영성훈련」, 서울, KMC

10th There is none like you

Petersen, William, and Ardythe Petersen (2015). The Complete Book of Hymns.(p.82) Tyndale House Publishers, Inc.

Terry, Lindsay (2010.), The Sacrifice of Praise: Stories Behind the Greatest Praise and Worship Songs of All Time. Thomas Nelson Inc.

http://lennyleblanc.com/

https://www.youtube.com/playlist?list=PLTscpJ35QHwq2aDdZVsFEPtPPISmYYSdB

통일워십콘서트

11th hear our praise

https://www.theworshipcommunity.com/reuben-morgan-interview/

12th You will never walk alone

https://www.allmusic.com/album/free-to-fly-mw0000002824

13th You raise me up

https://www.voakorea.com/a/a-35-2009-04-10-voa25-91361499/1321066.html

14th Above all

https://books.google.co.kr/books?id=MuDEAAAACAAJ&dq=1933150033&hl=ko&sa=X&ved=0ahUKEwip56iG5evbAhXZMN4KHfY2DpUQ6AEIJjAA

https://www.youtube.com/watch?v=xiFTwhZ_1us

http://news.onnuri.org/m/board/board_view.php?Mode=I&BoardID=2&ViewType=T&page=1&BoardSeqNo=730&pagesize=undefined&SortOrder=Asc&mnuBookNumber=0

http://www.songfacts.com/detail.php?id=15211

폴발로쉬 내한공연 기사(2006.6) : http://www.newsnjoy.or.kr/news/articleView.html?idxno=17672

Terry, L. (2008). I Could Sing of Your Love Forever: Stories Behind 100 of the World's Most Popular Worship Songs. Thomas Nelson Inc.

15th In Christ alone

http://biblesoundtracks.com/song/view.cfm/brian-littrell-in-christ-alone

http://cluster1.cafe.daum.net/_c21_/bbs_search_read?grpid=Ist&fldid=4sDW&datanum=528&contentval=&docid=Ist4sDW52820051127134602

16th Look at the world

https://billygraham.org/story/god-and-nature-4-answers-from-billy-graham

Doty, J. E. (1959). Reverence for life in the career of Albert Schweitzer (Doctoral dissertation, Boston University).

https://www.hyperion-records.co.uk/notes/880129-B.pdf

http://www.cpre.org.uk

최진연 (2010), 지하철에서 일어난 일들 : 영원한 삶을 위한 아름다운 세상이야기, 좋은글 배달부

17th Joy to the world the Lord has come

Finane, Ben. Handel's Messiah and His English Oratorios: A Closer Look. Continuum, 2009

https://soundcloud.com/museumofthebible/handels-messiah-in-24-days

MEMO

Upgrade

아름다운 찬양으로 배우는 영어

글 쓴 이	이철주
도 운 이	이서희, 이건우, 유세연
발 행 일	2020년 08월 10일
디 자 인	한혜경, 이지연, 이소연
표지디자인	이지연, 이소연
펴 낸 곳	선교햇불
출 판 등 록	1999년 9월 21일 제54호
전 화	02-2203-2739
홈 페 이 지	www.ccm2u.com

© 2020, 이철주
ISBN 978-89-5546-438-2

3754054

CIP제어번호 : CIP2020029975